JN092912

図解 思わずだれかに話したくなる

身近にあふれる 「自然災害」が 3時間でわかる本

左巻 健男 編著

読者の皆さんへ

本書は、次のような人たちに向けて書きました。

- 身のまわりにあふれる自然災害について知りたい！
- 自然災害のしくみをできるだけやさしくわかりやすく知りたい！
- 自然災害の過去の事例を知りたい！
- 自然災害への対策を知りたい！

　美しく豊かな自然に恵まれている日本列島。私たちが暮らしている日本列島では、同時に津波、台風、季節風による大雨、大雪、地震、火山噴火などさまざまな自然災害がたびたび起こっています。

　梅雨と台風の時期にしばしば集中豪雨が起きています。

　「ゲリラ豪雨」や「線状降水帯」などの言葉がよくニュースで見聞きするようになりました。

　また、日本の国土面積は世界の 0.28 ％ですが、世界の地震の 10 ％は日本で起きています。火山活動も世界の 7 ～ 10 ％を占めます。

現在の日本列島は、地震や火山の「活動期」に入っていると多くの地震学者は考えています。

　自然災害のうちの地震災害でいえば、古文書調査、地質調査、2011年の東北地方太平洋沖地震の研究などにより、今後、日本列島ではあちこちで大地震（マグニチュード7クラス）や巨大地震（マグニチュード8クラス）、超巨大地震（マグニチュード9クラス）が起こる可能性が高まっています。

　例えば、南海トラフを震源とする巨大地震、東海地震・東南海地震・南海地震の3連動の巨大地震、さらに震源域の大きな西日本超巨大地震の可能性があります。

　南海トラフ巨大地震の前後に富士山などの火山活動が活発化した歴史もありますから、警戒が必要です。

　東北地方から関東地方にかけての活断層が活動する内陸型の地震の可能性があります。それは首都直下で起こる可能性もあります。

　日本列島のどこでも大きな被害が出る大地震が起こる可能性があるのです。そして太平洋と日本海の沿岸には大津波が襲う可能性があります。

　私たちが暮らしている日本列島に潜在している自然災害の

しくみ、その可能性を知り、対策と心構えをすることは非常に大切なことになっています。

　私たち執筆者は、左巻健男は理科教育（地学教育を含む）を土台に、北川達彦・小林和則は地学教育を土台に、大西光代は専門の海洋科学を土台に、それぞれの科学コミュニケーションの活動を『RikaTan（理科の探検）』誌や単行本の場で行ってきました。本書は、専門家と一般の人たちをつないで、一般の人たちに科学をできるだけやさしく伝えるという科学コミュニケーション活動の一環として取り組みました。

　最後になりますが、本書の企画・編集に務めていただいた明日香出版社編集の田中裕也さんに感謝申し上げます。

2021 年 8 月
編著者　左巻健男

第1章　気象災害にあふれる日本

第2章　ゆれる！地震大国

第3章　火を噴く！火山列島

第4章　命を守る!災害対策

装丁・挿画 ＝ 末吉喜美
図版 ＝ RUHIA ／石山沙蘭／田中まゆみ
校正 ＝ 共同制作社
校閲 ＝ 平賀章三

第1章

気象災害に
あふれる日本

1 日本の天気の特徴と気象災害

気象災害とは、大気のさまざまな現象によって人が亡くなったり、家財・建造物を喪失したりして、ふだん通りの生活が送れなくなる現象です。

●気象災害の種類

気象とは、大気の状態、および雨・風・雪など大気中で起こるさまざまな現象です。気象災害は、気象現象が主原因になって起こる災害です。気象災害は、気象の役割によって、次の3つに分けることができます。

気象災害とは

[1] 気象の持つ直接的な破壊力による災害。強風や豪雪、長期間の乾燥、季節はずれの低温や高温、ひょう、雷など

[2] 気象に付随する現象の破壊力による災害。大雨による洪水、気圧低下と強風にともなう高潮、強風による高波など

[3] 災害をもたらす現象を、気象によりその破壊力を集中または拡散させる災害。弱風時の大気汚染、強風で乾燥時の大火など

とくに日本では、規模や回数が最大規模の台風災害、大雪による雪害やなだれ害、ひょう害、雷害が目立ちます。

日本は季節変化がはっきりしており、国土が南北に長いた

め、大気現象の起こり方や強さが地域によってかなり違います。台風が頻繁に襲来する地方は台風被害が多いし、雪の多い地方は雪害が多いです。

　ただ、地域によってその災害の差が大きい理由はほかにもあります。たとえば雪の少ない地域では、多い地域に比べて防災対策が進んでいないため、少しの雪でも被害が発生するなど、被害の対象物そのものや防災対策も地域で違うからです。

●日本周辺の主な高気圧と気団

　日本の天気を考えるとき、日本付近の主に４つの高気圧が登場します。夏の主役はムシムシと暑い「**太平洋高気圧**」(温暖・湿潤)、梅雨や夏に気温が上がらないときは、冷たく湿った空気の「**オホーツク海高気圧**」(寒冷・湿潤)が主役です。また、冬は冷たく乾いた空気の「**シベリア高気圧**」(寒冷・乾燥)、春と秋によくあらわれるのは「**移動性高気圧**」です。

　それぞれの高気圧の中心付近には、気温や湿度が広い範囲でほぼ一様な空気のかたまり(気団)ができます。太平洋高気圧が発達すると、日本列島は小笠原気団におおわれます。オホーツク高気圧にはオホーツク気団、シベリア高気圧にはシベリア気団ができます。

　春と秋は、シベリア気団と小笠原気団の勢力が交代する時期です。このころ、中国大陸南部にある移動性高気圧の一部が、日本列島付近の上空を西から東へ向かう**偏西風**に乗ってやっ

てきます。前後に低気圧をともなった移動性高気圧となって日本付近を通過するので、周期的（3〜4日ごと）に天気が変化します。

　冬はユーラシア大陸が冷やされ、大陸上でシベリア高気圧が成長します。このとき日本の東の海上に低気圧があることが多く、日本の冬に特徴的な西高東低の気圧配置になります。また、北西の**季節風**が吹くことが日本の日本海側に雪を降らせる原因になります。

❖ 1-1　日本付近の高気圧

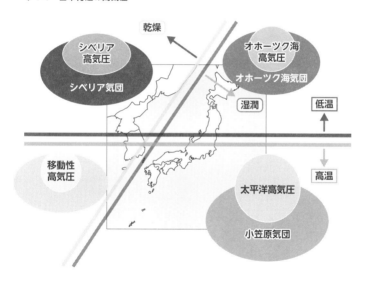

●太平洋側の雪害

　冬になると大陸にある冷たく（−50℃以下）乾燥したシベリア気団の影響で、大陸から北西の季節風が吹きます。この季節風が日本海に出ると、日本海から水蒸気を供給されて、日本列島の日本海側に大雪を降らせ、雪害をもたらします。

❖ 1-2　冬の季節風と雪害

アジア大陸から太平洋に向かって、
冷たく湿った北西の風が吹く

　寒気の吹き出しが弱まる2月から3月になると、本州の南岸を低気圧が発達しながら進むようになります。このとき太平洋沿岸では雪になることもあり、ふだん雪が降らない場所のために日本海側と比べて少しの雪でも雪害になります。

　春になると日本海で低気圧が発達するようになります。そのため、太平洋側では、強い南風で風害が、日本海側ではフェーン現象（気温が上昇し乾燥）のため、なだれ害や火災が発生しやすくなります。

●梅雨前線による災害

　梅雨の時期には、オホーツク海気団と日本のはるか南の小笠原気団の勢力が同じになるため**停滞前線**（梅雨前線）ができます。この前線上を小さな低気圧が次々と移動し、雨の日が続きます。

　梅雨前線の雲は帯状で、ところどころで発達した積乱雲が集まっています。梅雨前線に台風が接近したり、湿った気流が進入したりすると、前線の活動が活発になって大雨になり、大きな災害が起きやすくなります。

❖ 1-3　梅雨前線のでき方

●台風による災害

　台風は、南太平洋上にできる熱帯低気圧が発達し、**中心の最大風速が毎秒17.2m以上**になったものです。等圧線がほぼ同心円状で前線がないのが特徴です。

　台風は、1年中発生していますが、日本にやってくるのは8月から9月が多いです。春から夏にかけて太平洋高気圧の南を通ってユーラシア大陸に進んでいた台風は、秋が近くなって太平洋高気圧が弱まると、太平洋高気圧のへりに沿うように、日本列島付近に北上するようになります。そして偏西風に流されて、東寄りに進路を変えます。

　台風の中心付近には、暖かく湿った空気があり、非常に強い上昇気流が生じて、大量の雨と強い風をともないます。

　台風による災害は、大雨、強風、高潮などです。

　台風の襲来前に前線などで雨が降っている場合、前線に台風自身の雨が加わって豪雨になり、土砂災害や河川の氾濫などが起きることがあります。

　強い台風が非常に速く移動するときには風害が大きくなりやすいです。

❖ 1-4　台風の進路

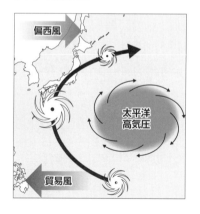

偏西風

太平洋
高気圧

貿易風

2 ゲリラ豪雨と集中豪雨の違いって何？

深刻な災害が発生する際立った大雨を「豪雨」といいます。大雨は暖かい季節に降ることが多いです。暖かい空気は雨のもとになる水分をより多く含むからです。

●雨の降り方と降水量の関係

気象庁では「災害が発生する恐れのある雨」を**大雨**とよび、「著しい災害が発生した顕著な大雨現象」を**豪雨**とよんでいます。ところで、天気予報では「明日は○○mm雨が降るでしょう」などと雨の量をいう場合があります。降水量は雨量計で測られますが、ふつうに暮らしている中での感覚から、いま降っている雨が、1時間あたりでどのくらいの量の雨なのかを知るおおよその目安があるので、覚えておくと便利です。

❖ 2-1　雨の強さと降り方（気象庁）

1時間雨量(mm)	予報用語	人の感じ方	外の様子	災害の発生状況
10〜20	やや強い雨	ザーザーと降る	地面一面に水たまりができる	この程度の雨でも長く続くときは注意が必要
20〜30	強い雨	どしゃ降り		側溝や下水、小さな川があふれ、小規模のがけ崩れが始まる
30〜50	激しい雨	バケツをひっくり返したよう	道路が川のようになる	山崩れ・がけ崩れが起きやすくなり危険地帯では避難の準備が必要　都市では下水管から雨水があふれる
50〜80	非常に激しい雨	滝のようにゴーゴーと降り続く	水しぶきであたり一面が白っぽくなり、視界が悪くなる	都市部では地下室や地下街に雨水が流れ込む場合がある　マンホールから水が噴出する　土石流が起こりやすい
80〜	猛烈な雨	息苦しくなるような圧迫感		雨による大規模な災害の発生するおそれが強く、厳重な警戒が必要

●局地的大雨と集中豪雨

　災害につながるような大雨は、比較的短時間に狭い範囲に多量に降る場合が多いです。このような雨は、継続時間と影響を受ける範囲などの特徴から、大まかに2つの種類に分けることができます。局地的大雨と集中豪雨です。

　局地的大雨は、「ゲリラ豪雨」とよばれることもあります。数kmから10kmほどのとても狭い範囲に急に強く降る雨で、数十分の間に数十mmの雨が降ります。

　集中豪雨は、数十kmから100km程度の範囲の場所に、数時間から半日にわたって強く降る雨です。梅雨前線や秋雨前線のような停滞前線や台風にともなうことが多く、その間に100mmから数百mmの雨が降ります。

❖ 2-2　局地的大雨（左）と集中豪雨（右）の特徴

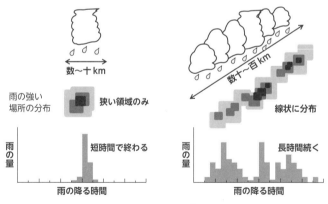

●豪雨の原因となる積乱雲の誕生と成長

　局地的大雨も集中豪雨も、強い雨を降らせるのは発達した**積乱雲**です。

　積乱雲が発達するには、地上近くに暖かく湿った空気があり、上空に寒気があるという環境が必要です。これは、大気の下の方が軽く、上の方が重いという不安定な状態です。このような状態で、何かのきっかけで上昇気流が生じると、その流れは加速されます。

　湿った空気は上昇することによって温度が下がると水蒸気が凝結して雲になります。凝結が起こると、熱が放出されます。これによって周囲の空気はあたためられて軽くなり、さらに上昇が促されます。こうして発達した積乱雲ができます。

❖ 2-3　さまざまな上昇気流のきっかけ

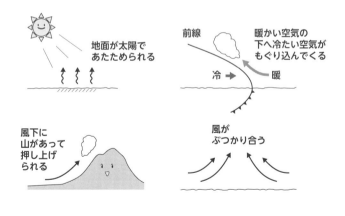

地面が太陽であたためられる

前線　暖かい空気の下へ冷たい空気がもぐり込んでくる
冷　暖

風下に山があって押し上げられる

風がぶつかり合う

発達した積乱雲の上昇気流の中では水滴や氷の結晶が成長しています。それが、上昇気流で支えられないほど大きくなると落下して激しい雨になります。雨は上空の冷たく乾燥した空気も引きずるように連れてきます*1。

●積乱雲が次々に生まれると集中豪雨になる

ひとつの積乱雲の寿命はだいたい1時間程度です*2。一方で、集中豪雨では積乱雲が同じような場所で次々と発生と発達をくり返します。これは積乱雲の自己増殖とよばれる現象が起こっているためです。

積乱雲の下は激しい雨と冷たい空気が打ちつけます。この下降気流と、もとからあった地面近くの暖かく湿った空気の間に小さな前線が形成されることで上昇気流が起こります。こうして発達した積乱雲によって新しい積乱雲がつくられるのです。

❖ 2-4　積乱雲の自己増殖のしくみ

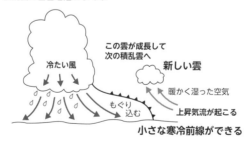

この雲が成長して
次の積乱雲へ　**新しい雲**

冷たい風

暖かく湿った空気

もぐり
込む

上昇気流が起こる

小さな寒冷前線ができる

---

*1　積乱雲はこの雨と冷たい下降流によって直下の地面が冷やされ、上昇気流が弱まることで衰える。

*2　単独の積乱雲によって生じる局地的大雨が短時間で止むのはこのため。

災害を起こす「線状降水帯」って何？

最近天気予報や解説で「線状降水帯」という言葉をよく聞くようになりました。集中豪雨をもたらし、ときに大きな災害をもたらすこの現象は、なぜ起こるのでしょうか。

●新しい気象用語

　最近は大雨のようすが気象レーダーによる画像などで紹介されることが多くなりました。そうした中で、雨量の多い場所が線状に分布しているのを見かけることがあります。このような降雨域のことを「**線状降水帯**」という言葉で聞く機会が増えました。「線状の降雨域」といっても、大きさや、移動性の有無、持続時間などの特徴はさまざまで、異なるものが混在しています。

　「線状降水帯」は、2021 年 6 月 17 日から気象庁が発生情報を発表することになった比較的新しい気象用語です。

●線状降水帯の定義

　線状降水帯に関して厳密な定義はありません。専門家の間でもさまざまな基準で線状降水帯が定義され、使われている状況です。しかし、気象庁では、「顕著な大雨に関する情報」において、次の基準を満たすものを「線状降水帯」というキーワードを使って解説するとしています。

「線状降水帯」とよんで解説する基準

[1] 解析雨量（5 km メッシュ）において前 3 時間積算降水量が 100 mm 以上の分布域の面積が 500 km² 以上

[2] 1 の形状が線状（長軸・短軸比 2.5 以上）

[3] 1 の領域内の前 3 時間積算降水量最大値が 150 mm 以上

[4] 1 の領域内の土砂キキクル（大雨警報［土砂災害］の危険度分布）において土砂災害警戒情報の基準を実況で超過（かつ大雨特別警報の土壌雨量指数基準値への到達割合 8 割以上）または洪水キキクル（洪水警報の危険度分布）において警報基準を大きく超過した基準を実況で超過

●線状降水帯の本質と重要性

　線状降水帯は複数の積乱雲が線状に並ぶ集合体です。なぜこれが重要視されるようになったのでしょうか。理由は複数あります。

　まず集中豪雨が発生した事例を統計解析した研究から、台風が原因のものを除いた、**集中豪雨の 3 分の 2 の事例で線状の降水域が確認されました。**

　また、同じように大雨をもたらす台風は南の海上で発生し、だんだんと近づいてきますが、これと比べると線状降水帯は数時間という短時間の現象なので、事前の準備や予報に難しさがあります。

　そして、線状降水帯という言葉の定着を促したのは 2014 年

8月の広島県の大雨でした。甚大な被害をおよぼした豪雨災害がしばしば線状降水帯によって引き起こされています。

このように、予報の難しさと被害の多さ、甚大さから線状降水帯が重要視されています。

●線状降水帯の成因

いくつもの研究によって線状降水帯が発生しやすい環境というものが明らかになってきています。

線状降水帯が発生しやすい環境

- 大気の下層に、いくつもの積乱雲をつくるために暖かく湿った空気が供給される流れがあること
- この空気を浮力だけで上昇していける高度（自由対流高度）まで持ち上げてくれる、地形や前線、冷たい空気塊（かい）などがあること
- 大気の状態が不安定で前述の自由対流高度が低いこと
- 大気の上空と地面近くで風の方向や強さに違いがあり、積乱雲が誕生したのち、背が高く成長したときに上空の風によって運ばれ、線状に並ぶのに適していること

線状降水帯は、上空と地面近くを吹く風の組み合わせによって、いくつかの種類に分けることができます。

日本で多く見られる線状降水帯は、「**バックビルディング型**」とよばれるタイプのものです。これは、図のように発生した

積乱雲が上空の風によって風下へ流されるのをくり返すことで、積乱雲の一生が並べられたような線状降水帯が形成されるものです。

✤ 3-1　バックビルディング型の線状降水帯ができるようす

はじまり

新しい雲

冷たい風

積乱雲が積乱雲を生む

小さな寒冷前線ができる

成長する積乱雲から吹き出す冷たい下降気流が小さな寒冷前線をつくり、暖かく湿った空気を持ち上げ新しい積乱雲をつくる。

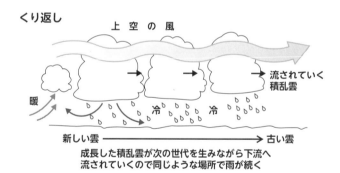

くり返し

上　空　の　風

暖

冷　冷

流されていく積乱雲

新しい雲　　　　　　　　　　　　　　古い雲

成長した積乱雲が次の世代を生みながら下流へ流されていくので同じような場所で雨が続く

背が高く成長した積乱雲は上空の気流によって風下へ移動していく、このくり返しで積乱雲は"線状"に並ぶ。

台風はなぜ日本に向かってくるの?

夏や秋に日本をたびたび襲うのが台風です。台風とは、熱帯の海上で発生した低気圧（熱帯低気圧）のうち、最大風速（10分間平均）が毎秒17.2m以上となったものです。

●台風の構造と雨台風・風台風

台風は大きな空気の渦で、風が反時計回りに吹き込みます。台風の災害は、大雨、強風、高潮などがあります。

発達した台風では、中心に雲がなく、風も吹いていないところが見られることが多く、これを「**台風の眼**」とよびます。台風の眼は、台風に吹き込む風が、遠心力（回転するとき外向きに働く力）の影響で中心に近づけないためにできます。

台風の眼を取り巻く発達した積乱雲の下では、激しい暴風雨となっています[*1]。

❖ 4-1　台風の断面図

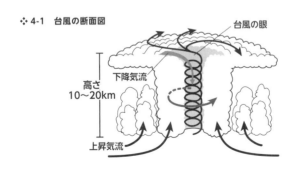

台風の眼

下降気流

高さ
10〜20km

上昇気流

[*1]　一般的に台風がともなっている雲の広がりは、温帯低気圧がともなっている雲より小さく、雨や風の強い範囲は狭い。

雨による災害が顕著な台風は**雨台風**、風による災害が顕著な台風は**風台風**といわれます。雨台風と風台風に分ける定義はなく、やや便宜的なものです。どちらかといえば、夏には風台風、秋には雨台風が多いです[*2]。

●進行方向右側の風が強くなるのはなぜ？

台風の、進行方向に向かって右側は、台風に吹き込む風と台風の進行方向が一致するため風が強くなり、**危険半円**とよばれています。反対に左側は、台風に吹き込む風と台風の進行方向が逆なので打ち消し合って風が弱くなり、**可航半円**とよばれています。

この関係を知っておくと、台風が近づいたとき、自分のいる場所に、風が強く吹くかどうかを知ることができます。

❖ 4-2　台風の風の強さ

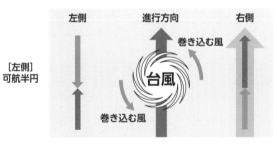

台風に吹き込む風と台風の進行方向が一致する
危険半円（右側）の方が風が強くなる

[*2]　一般的に、多くの雨をもたらす雨台風では、堤防の決壊、家屋の流出、田畑の冠水、山・がけ崩れなどが、強い風をともなう風台風では、家屋の倒壊、高潮、塩風害、落果などが起こる。

●台風のコース

　台風は、南太平洋上にできる熱帯低気圧が発達し、**中心の最大風速が毎秒 17.2 m 以上**になったものです。等圧線がほぼ同心円状で前線がないのが特徴です。

　発生したばかりの台風は、緯度の低い地方の上空を流れている貿易風に乗って西へ進みます。さらに台風は、日本の南東海上から西北に勢力を広げる太平洋高気圧の周辺の流れに乗って北上します[3]。その後、日本付近の上空を流れている偏西風に乗りかえて日本に接近したり上陸したりするのです。

　太平洋高気圧や偏西風は、季節によって勢力が変わります。6月ごろは偏西風が弱く、反対に太平洋高気圧の勢力が強く、中国大陸の方まで勢力を広げています。そのため、太平洋高気圧の西のふちに沿って進む台風は、中国大陸に向かいます。

　暑い夏を過ぎると、太平洋高気圧の勢力は弱まり、偏西風がしだいに強くなってきます。台風の進路は、だんだん北に向かい、8〜9月ごろには日本を直撃するようになります。10月ごろには、南の海上を通り過ぎるようになります。

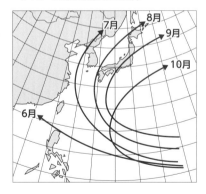

❖ 4-3　台風の月別進路の傾向

＊3　水蒸気が上空で雲になることが台風のエネルギー源。水蒸気が雲になるとき（水蒸気から液体の水になるとき）、まわりに熱エネルギーを放出する。その熱エネルギーがまわりの空気をあたため、上昇気流はさらに強まる。それがくり返されて熱帯低気圧から台風に発達していく。

竜巻などの突風はいつ発生するの？

> 突然吹き出して短い時間でおさまる突風は、主に発達した積乱
> 雲の活動によって発生します。突風の代表格である、竜巻とダ
> ウンバーストについて知っておきましょう。

●竜巻って何？

　竜巻は、強い上昇気流が細長く渦を巻く激しい風で、風速は
毎秒50ｍから、ときには毎秒100ｍを超える場合もあります。
地表付近で発生した渦流（かりゅう）が、積乱雲の強い上向きの空気の流
れ（上昇気流）によって引き延ばされることでスケートのスピン
のように回転が速まった、地面や海面から上空へ吸い上げる
ような強風です。

　竜巻の発生から消滅までは、およそ30分程度と、とても短
い現象です。強風の被害を受ける範囲は狭く、幅にして数十ｍ、
大きなもので数百ｍです。消滅するまでの間に通過する距離
は数kmから、ときには数十kmになります。

　竜巻は陸上を通る際、強い風の力で経路上のものを破壊し、
破片や土ぼこりを巻き上げます。海上では吸い上げられた海
水が水柱のように見えることがあります。

●こんなときは注意！

　短時間に狭い範囲で発生するため、竜巻の正確な予測は難し

❖ 5-1　竜巻発生の基本メカニズム

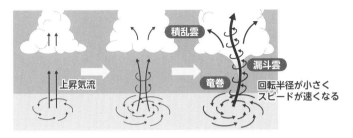

いのが実情です。もし自分がいる地域に竜巻注意報が出た場合には、下記のような、竜巻が接近したときに特徴的な現象がないか周囲を確認してみましょう。

竜巻が接近するときの特徴

・真っ黒い雲におおわれて、ひょうが降るような激しい雷雨
・雲の底から漏斗状の雲が垂れ下がっている
・風によって舞い上がっているものが筒状に渦を巻いている
・急な気圧変化で飛行機に乗ったときに感じるような耳の違和感

　このような現象を見た場合は身を守る行動をとりましょう。とくに風で飛散するものに注意します。屋内にいる場合は、窓ガラスが割れる可能性を考えてカーテンや雨戸を閉めておき、低い階の窓のない部屋やトイレや浴室などに移動するとよいでしょう。屋外では、最寄りの頑丈な建物に避難したり、しっ

かりした構造物の物陰に入ったりして対策をとりましょう。

●ダウンバースト（爆発的な下降気流）

　発達中の積乱雲は強い上昇気流で上に向かって成長しますが、このとき空気に含まれている水蒸気は上に行くにつれて冷やされ、水や氷になります。大きく育った水滴や氷の粒は重くなって上昇気流では支えられなくなると、地面に向かって落ち始めます。このとき水滴や氷の粒にまわりの空気も引きずられ、下向きの空気の流れである下降気流ができます。こうしてできた地面にたたきつけるように爆発的に吹き下ろされた下降気流を**ダウンバースト**といいます。

　ダウンバーストは地表にぶつかると、向きを水平に変えて放射状に広がります。このときの風の強さは毎秒 50 m から 70 m になります。吹き出しの広がりは数百 m から 10 km 程度で、寿命は 10 分以下であることが多いです[1]。

❖ 5-2　ダウンバーストのイメージ

積乱雲

ダウンバースト

地　面

＊1　ダウンバーストは離着陸の際の飛行機にとって、墜落の原因となるとても危険な現象。そのため空港には風の急変を見つけるための気象観測装置が設置され活用されている。

6 洪水や浸水はどんなときに起こるの？

河川に多量の水が流入し、堤防が決壊したり、橋が流出したりするのが洪水で、住宅や田畑が水に浸かるのが浸水です。これらに備えるためにはどうしたらいいのでしょうか。

●洪水と浸水の違い

河川の流量がふだんより増したり、あふれ出したり（氾濫）するのが**洪水**です。雨が多く、山から平野までの距離が短い日本では被害が大きくなる災害です。前線や台風による大雨、集中豪雨や局地的な大雨による短時間のまとまった雨のほか、積雪が一度に多量にとけることによっても起こります。

降雨による洪水は、梅雨のころから台風が日本へ近づく夏から秋にかけての季節に多い災害です。融雪による洪水は積雪のある地域で春先の大雨や気温の急上昇によって起こることが多いです。

住宅が水に浸かる**浸水**は、洪水で河川が氾濫した場合に起こります。それ以外に、大雨で増加した地表の水の排水が追いつかなくなったり、河川の増水や台風などによる高潮で排水自体ができなくなったりしたときも起こります[1]。河川の氾濫の場合と比べて浸水の深さは浅い場合が多いですが、降雨から発生までの時間が短く、河川が近くになくても発生する場合があるので注意が必要です。

---

[1] そのようなときはマンホールや水路から水があふれる。

内水氾濫とは、下水道などの排水能力を超える大雨が
降り、雨を河川等に排水できない場合に発生すること。

洪水とは、大雨により河川が増水し、堤防が決壊したり、
川の水が堤防を越えるなどにより発生すること。

● 雨の違いで異なる被害

　前線や台風による雨は、天気予報による予測がある程度可
能です。長いときは数日間にわたり、総雨量も多くなります。
このような大雨は流域の小さい中小の河川だけでなく、広い
流域を持つ大河川で洪水となる場合があります。そのため、
被害規模が大きくなり、水が引くまで数週間もかかることが

あります。

集中豪雨や局地的大雨は、近年増えている降水のパターンです。急な強い雨が短時間降るのが特徴で、天気予報による予想が困難です。流域の小さい中小河川で洪水が発生する恐れが高くなります。短時間の急激な河川の増水で市街地では下水道による河川への排水が追いつかなくなることがあります。そのため、総雨量はそれほど多くないのに**内水氾濫**という浸水被害が発生することがあります。

●いざというときのために備えよう

自分の家や周辺が洪水や浸水にどのくらいのリスクがあるのかは気になることです。大きな河川の近くでも、治水工事によって安全性が高まっているところもあります。逆に河川から離れていても排水設備の整備が進んでいないと浸水が起こる可能性は高くなります。標高が高くても周囲よりも低い土地ならば水が集まってきます。確実なのは自治体による洪水ハザードマップを確認してみることです。自分の住んでいる自治体のハザードマップは、国土交通省のハザードマップポータルサイトから、確認することができます[2]。

ハザードマップでは避難場所を確認することもできるので、もしものときのために避難経路を実際に歩いてみて確認しておくとよいでしょう[3]。もちろん、他の災害の場合と同様に、避難に備えた非常持ち出し品を準備しておくことは基本です。

---

[2] 『55・ハザードマップの活用法』(p.202) 参照。

[3] 避難場所までの遠さや、途中に危険な場所がないか確認すること。災害時に夜間である場合や、災害の状況によっては、避難所より自宅の2階にとどまるべきかなど、安全への判断材料を増やしておくことができる。

7 土砂崩れを生む「地盤のゆるみ」って何？

> 豪雨が原因となった土砂崩れ（斜面崩壊）は、毎年のように発生しています。とくに2018年には、集中豪雨や台風などにより数多くの土砂崩れが発生しました。

● **増えている土砂崩れ**

　私たちが暮らす陸地は、風化・侵食の場です。国土のおよそ70％が山地であるわが国では、いたるところで斜面が崩れ、いわゆる**土砂崩れ**（斜面崩壊）が多発しています。とくに集中豪雨など激しい降水によって土砂崩れが誘発されます。

　近年では2018年の土砂崩れ発生件数が突出しています。この年の7月豪雨、台風24号だけでも、がけ崩れが1878件、地すべりが57件発生しました[1]。

❖7-1 近年の土砂崩れ発生件数[1]

西暦	地すべり	がけ崩れ
2020	113	979
2019	99	1419
2018	131	2343
2017	173	1028
2016	53	1040
2015	44	599
2014	77	769
2013	89	590
2012	76	505
2011	222	781

● **雨と土砂崩れ**

　集中豪雨や台風で雨量が多くなったときに、天気予報やニュースで「地盤がゆるんでいるところがあるので、土砂災害に警戒してください」というようなことを聞きます。地盤がゆるむとはどういうことなのでしょうか。

---

[1]　発生件数には2018年北海道胆振東部地震などの地震によるがけ崩れも含まれる。

斜面に降った雨水は、地表面を流れる表面流と地中にしみ込む浸透流に分かれます。雨水が地中に浸透すると、雨水がしみ込んだ分だけ表層地盤が重くなります（地盤の自重増加）。そして、それまで空気に満たされていた土粒子（どりゅうし）のすき間を地中に浸透した雨水が満たします（地盤中の間隙（かんげき）水圧の発生・増加）。その結果、土粒子は間隙水による浮力を受けて浮いているような状態になります。このことを「**地盤がゆるむ**」といい、地盤の強度が低下した状態のことを指します。ゆるんだ地盤は、重力によって下方へ移動し土砂崩れが発生します。

　長雨のあとにいったん雨が小降りになったり止んだりしても油断してはいけません。大規模な土砂崩れほど長雨のあとに発生する傾向があるのです。

　地盤の中に浸透した雨水はやがて流れ去りますが、地盤の中（土粒子のすき間）を水が移動する速さは遅く、もとの状態に戻るまでには、しばらく時間を要します。そのため、短期間のうちに次の雨が降ると、大量の降雨でなくても土砂崩れが発生しやすいのです。

　雨の降り方によって土砂崩れの規模は違ってきます。1時間あたりの雨量（時間雨量）が20mmを超えると小規模な土砂崩れが多発し、時間雨量が40mmを超えるか総雨量が250mmほどになると中規模の土砂崩れが発生するようになります。また、たとえ時間雨量が少なくても**総雨量が300mmを越えると大規模な土砂崩れが発生する可能性**が高くなります。

●地すべりとがけ崩れ

土砂崩れは、斜面を構成する土塊・岩塊が重力により下方へ移動することであり、「崩れ」と「すべり」の2タイプがあります。崩れタイプには、いわゆる山崩れやがけ崩れがあり、すべりタイプには**地すべり**があります。

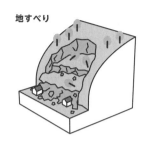

地すべり

一般に、がけ崩れは地すべりに比べて規模が小さく、斜面勾配がきついところで発生し、土砂の移動速度が速いのが特徴です。がけ崩れは、降雨が誘因となり突発的に発生する一方、地

土石流

すべりは、地下水の影響により地中のすべり面（粘土）で土塊が継続的・再発的に滑動します。

なお、がけ崩れで生じた崩壊土砂は、**土石流**として河川沿いを流下して広範囲に被害をもたらすことがあります。

●融雪にも注意

融雪は降雨と同じように地下水位や間隙水圧を上昇させるため、がけ崩れの誘因になります。しかも融雪は一定期間続くので、集中豪雨と同様の効果を発揮することがあります[2]。

＊2　火山灰土による地すべりが多い日本海側の地域では、融雪時期に地すべり活動が起きることがある。

日本の降雪量は世界有数です。といっても、雪が多いのは日本海側に限ります。なぜ日本海側に雪がたくさん降るのでしょう。日本海側の豪雪は、いくつかの要因が重なって生じています。

●シベリア大陸とヒマラヤ山脈

冬のシベリア大陸は太陽高度が低いので暖まらず、逆に放射冷却[*1]によってとても冷えます。すると冷えた地表がその上の空気を冷やし、寒気団が形成されます。寒気は密度が大きいので下降気流となり、地表付近に高気圧を形成します。これがシベリア高気圧です。

シベリア大陸の南には、東西に壁のようにそびえ立つヒマラヤ山脈があります。気象現象が生じている対流圏[*2]は地上から高さ約1万mまでなので、標高9000m近いヒマラヤ山脈は十分な壁となり、南に流れ出そうとする寒気をせき止めるダムのような役目をします。すると寒気はますますたまっていき、さらに大陸上に長くとどまっているので水蒸気の供給がなく、とても乾燥します。こうして**非常に乾燥した寒気団からなるシベリア高気圧**が完成します。

●アリューシャン低気圧と冬の季節風

海は陸よりも冷えにくい性質があるので、シベリア大陸の東

---

*1 地面から赤外線が放射されて地表が冷えること。冬のシベリア大陸のように晴れて乾燥しているほど強く冷える。

*2 大気圏のうち一番下(地表〜10km程度)の層。雲などの気象現象はここで生じていて、これより上の層はいつも晴れている。

の海上は大陸と比較してそれほど冷えません。すると海上の空気は大陸上の空気より暖かくなるので、上昇気流となってアリューシャン低気圧を形成します。低気圧へは高気圧から空気が流れ込みます。

日本は西のシベリア高気圧と東のアリューシャン低気圧にはさまれた形となり、これを西高東低の気圧配置といいます。西高東低の気圧配置になると、アリューシャン低気圧へシベリア高気圧から寒気が入り込もうとするので、日本列島は寒気の通り道になります。これが冬の季節風です。

●日本海と脊梁山脈

日本海は、暖流である黒潮の支流が流れ込んでいるので、冬でも比較的暖かい海です。ここを乾燥した季節風が通ると、乾いた空気は海水を盛んに蒸発させ、水蒸気を大量に受けとります。しかし、冷たい空気はあまり水蒸気を含めないので、余分な水蒸気はすぐに水滴となって雲になります。この雲は衛星雲画像で見ると季節風の流れに沿って平行なすじ模様をしているので、これを「**すじ状の雲**」といいます。

すじ状の雲は低高度の積雲なので、降水降雪はありません。でも、**日本列島に上陸し、その中央に背骨のように連なる脊梁山脈で上昇させられると、一気に積乱雲へと発達します。**

夏の積乱雲は大粒の雨をもたらしますが、地上から上空まで冷え切ったこの季節はすべて雪となるので、これを「雪雲」

とよんでいます。

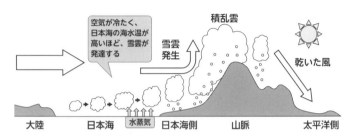

空気が冷たく、日本海の海水温が高いほど、雪雲が発達する

積乱雲

雪雲発生

乾いた風

大陸　日本海　水蒸気　日本海側　山脈　太平洋側

●豪雪をもたらす絶妙な配置

　もしヒマラヤ山脈がなければ、冬の季節風はこんなに強くて冷たい風ではないはずです。もし日本海がなければ、日本の冬は冷たく乾いたからっ風が吹くだけでしょう。逆に日本海がもっと大きかったら、季節風は暖められ、雪は雨になっていたでしょう。もしも脊梁山脈がなければ、すじ状の雲とともに冷たく湿った季節風が日本を横断しての降雪はないはずです。このように、すべての要因の存在とその絶妙な配置が、日本海側に豪雪をもたらしているのです。

　ただ、上空の寒気の強さや位置の違いで、「全体の降雪量」や「豪雪の中心が平野部と山沿いのどちらになるか」などが変わってきます。予想精度の上がった天気予報を頼りにするようにしましょう。

9 雪崩はどんなときに発生するの？

雪崩とは、斜面に積もった雪や氷が一時に大量に崩れ落ちる現象です。最大で時速 200 km ものスピードで襲う雪崩は、気づいてから逃げることは困難です。

●表層雪崩と全層雪崩

　雪崩とは、**斜面上にある雪や氷の全部、または一部が肉眼で識別できる速さで流れ落ちる現象**です。

　雪崩は、大きく厳冬期に多く起きる表層雪崩と、春先に多く起きる全層雪崩の2つに分けられます。

　表層雪崩は、古い積雪の上に積もった数十 cm 以上の新雪が滑り落ちるもので、真冬の低温時に起き、雪崩による死傷者の9割を占めます。

　全層雪崩は、春先や暖かい冬に、地面上の積雪層全体が滑り落ちるものです。

❖ 9-1　表層雪崩と全層雪崩

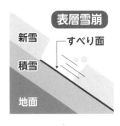

日本の雪崩災害で最大のものは、1918年1月9日、新潟県
南魚沼郡三俣村（現在の湯沢町字三俣）で発生した大規模な表層雪
崩でした。この雪崩に180人が巻き込まれ、死者は158人（う
ち圧死者155人、救助後に死亡した者が3人）にのぼりました。

●雪崩の起きやすい条件

　厳冬期、急激な気温の変化があると、積雪内部に大きな温度
差が生じます。暖かい雪粒から水蒸気が冷たい雪粒へと移動
し、そこで霜が成長します。こうしてできるのが「しもざら
め雪」で、雪粒どうしの結びつきが弱い不安定な雪です。し
もざらめ雪の上に一度に大量の降雪があると、しもざらめ雪
より上部の表層の雪崩が発生しやすくなります。表層雪崩は、
季節的には1月から2月にかけて多く発生します。

　また、大きな雪崩の多くは、35度から45度の急斜面で発生
しています。また、樹林帯の中に一部分だけ樹木の生えてい
ない斜面があったら、そこは雪崩が頻繁に起こっていること
が多いものです。

●雪崩発生の前兆

　身を守るためには、前もって雪崩が発生しやすい気象条件や
雪崩発生の前兆などを知っておくことが重要です。

　雪崩が発生しやすい気象条件として、とくに「気温が低い
とき、すでにかなりの積雪の上に、短期間に多量の降雪があっ

た場合」と「気温が上昇する春先、降雨後やフェーン現象等で気温が上昇した場合」に注意です。

　また、雪崩発生の前兆には次のようなことがあります。

雪崩発生の前兆

・**雪庇**（山の尾根からの雪が張り出している現象）

　張り出した部分が雪のかたまりとなり斜面に落ちることによって、雪崩につながる危険がある

・**巻きだれ**（雪崩予防柵から雪が張り出している現象）

　張り出した部分が雪のかたまりとなり斜面に落ちることによって、雪崩につながる危険がある

・**斜面が平らになっている**

　斜面にもとの地形がわからないほど平らに雪が積もっているときは、表層雪崩が起こる危険がある

・**スノーボール**（斜面をボールのような雪のかたまりが落ちてくる現象）

　雪庇や巻きだれの一部が落ちてきたもので、雪崩につながる危険がある。スノーボールが多く見られるときはとくに注意が必要

・**クラック**（斜面にひっかき傷のような雪の裂け目があらわれる現象）

　積もっていた雪がゆるみ、少しずつ動き出そうとしている状態。その動きが大きくなると全層雪崩が起こる危険がある

・**雪しわ**（ふやけた指先のシワ状の雪の模様があらわれる現象）

　積もっていた雪がゆるみ、少しずつ動き出そうとしている状態であり、積雪が少なくても全層雪崩が起こる危険がある

10 高潮と異常潮位の違いって何？

高潮や異常潮位は、上昇した海面が堤防を越えて、沿岸へ大量の海水が流れ込むことで、浸水や建物の倒壊、人的被害などを生じます。それぞれの現象について説明します。

●高潮とは？

　海面は、気圧が低下すると高くなります。これを「**吸い上げ効果**」といいます。台風や、強い低気圧が沿岸に近づくと、この効果で沿岸の海面水位は高くなります。これに加えて、岸に向かって風が吹き寄せていると風によって海水が岸へと運ばれる「**吹き寄せ効果**」も生まれます。

❖ 10-1　高潮発生のメカニズム

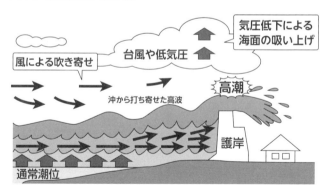

このようにして海面水位が高くなるのが**高潮**です。これに満潮による潮位の上昇が重なると、海面は一層高くなります。

●異常潮位とは？

　異常潮位とは、高潮や津波とは異なる原因で、潮位がおよそ1週間から3カ月程度継続して高く（低く）なる現象をいいます。

　潮位は、気圧や風の影響を除くと月や太陽との関係から予測することができます。異常潮位とはこの予測から大きくはずれた場合をいい、20〜40cmも異なる場合があります。異常潮位の原因ははっきりしない場合も多いですが、主に原因と考えられているのは以下のようなことです。

　異常潮位の原因
・黒潮のような海流の流れの道筋の変更
・海に数多く存在する数十kmから数百kmの大きさの渦の沿岸への接近
・岸に沿う方向の風の長時間の持続
・ゆっくりと岸に沿って移動する波の発生

●高潮のリスクの高い場所は

　高潮による海面上昇は低気圧や台風の強さや進路、そして地形の影響を受けます。海面は、**吸い上げ効果によって、1ヘクトパスカル低下すると1cm上昇**します。気圧が低ければその分だけ海面は上昇します。また、**吹き寄せ効果による海面上**

昇は風速の2乗に比例します。つまり、**風速が2倍になれば海面上昇は4倍になります。**

　進路に関しては、低気圧や台風は日本のある北半球では、反時計回りに風が渦を巻いています。このため、たとえば台風が沿岸に近づいてきたとき、台風の進行方向の右側は風によって水が岸へ吹き寄せられます。逆に左側は沖向きの流れになります。そのため、進行方向の右側は高潮の影響を大きく受けます。さらに岸の地形が、奥に向かって狭く浅い湾になっていると、風によって吹き寄せられた水は行き場を失って岸へとあふれ出します。

　日本でこのような条件を満たしている湾は、東京湾、伊勢湾、大阪湾、有明海などがあげられます。しかし、その他の場所で起こらないというわけではありません。

❖ 10-2　高潮が起こりやすい湾

11

東北地方の冷害被害は世界一深刻？

冷害は単に気温が低いという問題ではありません。歴史的には
深刻な飢饉をもたらしました。地球温暖化が進む現代において、
冷害はこれからも起こるのでしょうか。

●冷害とは？

冷害とは、7 〜 8 月を中心とした暖かい時期に、**気温が低く
日照時間が短いことによって農作物が実らなくなる災害**です。
日本では北海道や東北地方の太平洋側の稲作での被害が多い
です。ユーラシア大陸の東岸にあるという地理的条件や、農
業の特徴から、**東北地方は地球上でもっとも激しい冷害にみ
まわれる場所**といわれています。

●冷害を引き起こす「やませ」

北海道や東北地方に冷害をもたらすのは**やませ**とよばれる
風です。やませは、春から夏にかけて北日本の太平洋側に吹
く北東風です。**オホーツク海付近にあるオホーツク海高気圧
から吹き出す風**で、冷たい親潮の上を吹いてくるため、冷た
く湿った風です。やませが吹き寄せる北海道や東北の太平洋
側は低温と低い雲や霧、弱い雨になります。

やませのもとになるオホーツク海高気圧は年によって変動
が大きい高気圧です。オホーツク海高気圧の勢力は日本の上

空を吹いている**偏西風**によって影響を受けます。偏西風が大きく波打ち、日本のあたりで南に凸な状態が続くと、オホーツク海高気圧が強いままで、やませの影響が長引き冷害が起こります。近年は、10年に1回くらいの頻度で冷害が起きています。偏西風の波打ちの原因は、偏西風が吹いている高さにまで達するユーラシア大陸中央部のヒマラヤ山脈などの高い山です。高い山にぶつかったあとの偏西風の波打ちの変動がもっとも大きくなる場所が、ちょうど東の端の日本のあたりなのです。

❖ 11-1　典型的なやませ時の天気図

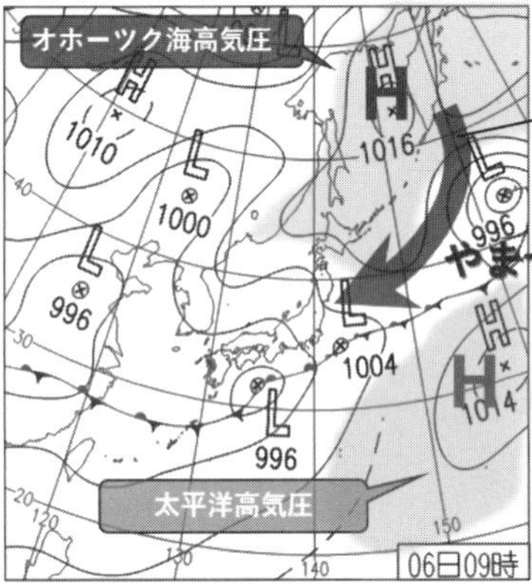

（仙台管区気象台HPより）

● **東北地方で被害が大きい理由**

やませが吹いて冷害が起こる時期は、稲の穂が出たり、花が

＊1　北海道でやませが吹き寄せる地域では稲作ではなく牧畜が行われている。
＊2　1954年に次いで戦後2番目に平均気温が低い夏になり、本州では梅雨空けが特定されなかった。

咲いたりする時期に重なります*1。東北地方は、緯度が高いので夏の日照時間が長く、高い山に積もった雪どけ水が安定して供給されます。地理的に稲作に向いているために大規模な稲作地になっていて、10年に一度程度起こる冷害では東北地方で被害が大きくなるのです。

平成の米騒動といわれた1993年の記録的冷夏では、東北地方全体で水稲の被害総額が4690億円に達しました*2。

●気候変動と冷害

かつて世界的に寒冷なミニ氷河期といわれる時代には、もっと頻繁に深刻な冷害が起こっていました。とくに18世紀から19世紀の半ばころは、3年に一度の頻度で冷害が起こり、大飢饉となって東北地方の人口の3分の1が犠牲になったといいます。

では、地球温暖化が進行しているといわれている今後はどうなるのでしょうか。

21世紀末の夏の気候をシミュレーションし、稲の生育を予想した研究があります。それによると現在栽培している品種をそのまま栽培した場合、冷害のリスクは現在の20％に減少するものの、0にはならないという予想になりました。そして、温暖化による高温障害のリスクが冷害のリスクと同程度まで増えるということです*3。

---

*3　もし稲の品種を高温障害に強いものへと変えていくとしたら、今度はこれまでよりも低温への耐性が弱くなる可能性がある。そうするとこれまでなら冷害とまではいえない気象条件で冷害が発生する可能性がある。

12

熱中症を防ぐにはどうしたらいい?

猛暑などによる暑い環境で熱中症になることも自然災害のひとつです。それに自然災害からの避難生活や片付け作業でも熱中症には注意しなければなりません。

●体温を一定に保つしくみ

私たちの体は、「暑い」「寒い」などさまざまな環境の変化があっても、体の中では体温を常に一定温度(36〜37℃)にキープするための働きが起きています。

高温環境にあったり、運動をすると、体温が上がります。そのとき、衣服で調節したり、扇風機やエアコンで冷やしたりします。

さらに、皮ふ(表在血管)に血液を多く流して体表部から熱を逃がし、最終的には発汗と汗の蒸発で体温を下げます[1]。

なお、発汗がない安静状態においても、皮ふや呼吸器からは絶えず水分が蒸発しています。これを不感蒸泄とか不感蒸散といいます。ただし、汗や不感蒸泄によって、水と塩分の喪失が起こります。

●熱中症は3段階に分けられる

熱中症は、体温の上昇で体内の水分や塩分のバランスが崩れ、体温の調節機能が働かなくなり、意識がおかしくなったり、

---

[1] 汗の蒸発は体から気化熱(液体の物質が気体になるときに周囲から吸収する熱)を奪う。

ついには倒れて死に至ることがある病気です。気温や湿度により、室内でも発症します。**熱失神**や**熱けいれん**（軽症）、**熱疲労**（中等症）、**熱射病**（重症）の3段階に分類され、重症だと意識障害、けいれん、手足の運動障害がみられます。この熱中症による死亡者は増加傾向にあります。

❖ 12-1　平常時と異常時（熱中症）の違い

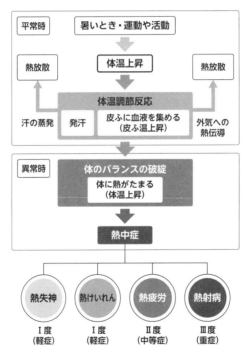

●熱中症を防ぐには

熱中症発生のリスクは、高齢になるにつれて急激に上昇していきます。高齢者は生理的機能の衰えにより暑さを感じにくくなる、水分補給をあまりしない、あるいは冷房を好まないといったことなどが、熱中症の発生率を高めていると考えられます。もちろん若い人も注意が必要です。

熱中症予防の第一は、暑さを避けることです。

最高気温が35℃以上の日を**猛暑日**、30℃以上の日を**真夏日**、25℃以上の日を夏日、0℃未満の日を真冬日といいます。

真夏日から熱中症の死者が増えます。とくに猛暑日は注意が必要です。外出を控える、涼しい服装をする、激しい運動や仕事を避ける、こまめに水分を補給する、自分の体調を考えながら行動する、屋内ではエアコンなどを適切に使用するといったことを心がけることです。

自然災害の被災者が、避難場所・避難所・仮設住宅等で過ごす際や、気温が急上昇する中での家の片付け作業時に熱中症にならないように心がける必要もあります。

室内にいても、外出時でも、のどの渇きを感じなくても、こまめに水分・塩分、経口補水液などを補給しましょう。体の蓄熱を避けるために、通気性のよい、吸湿性・速乾性のある衣服を着用し、保冷剤・氷・冷たいタオルなどで、体を冷やしましょう。

13　気象災害の実例：「平成30年7月豪雨」

> 「平成30年7月豪雨」は、西日本を中心に全国的に記録的な大雨をもたらした災害です。多くの地域で河川が氾濫し、家屋の浸水や土砂崩れなどが起こり、多くの犠牲者を出しました。

●平成30年7月豪雨の概要

　「平成30年7月豪雨（西日本豪雨）」は、2018年6月28日から7月8日にかけて、西日本を中心に北海道や東海地方を含む全国広い範囲で大雨となったことによって発生しました。

　この期間の総降水量は、四国で1800 mmを超えるところがあったほか、7月の月降水量平年値の2〜4倍となったところがありました。7月1日から10日の全国のアメダス地点での**総降水量は約20万mm**となり、**比較が可能な期間で過去最高**になりました。

　このため、広域で同時多発的に河川の氾濫やがけ崩れ等が発生しました[*1]。

●豪雨によって起きた被害の特徴

　長時間続く大雨で河川の氾濫による浸水や土砂崩れ等が発生し、とくに岡山県、広島県、愛媛県では甚大な被害となりました。ピーク時の避難者数は4万人を超え、道路の損壊によって孤立する集落がありました。

[*1]　死者224人、行方不明者8人、負傷者459人と多数の犠牲者を出したほか、住家の全壊6758棟、半壊が1万878棟、一部破損3917棟。浸水被害は、床上浸水8567棟、床下浸水が2万1913棟。そのほか、断水や電話の不通、交通機関に障害が出た。

全国で小中学校 275 校が豪雨による被害を受け、岡山県では被災した小中学校 8 校が、再開の見通しが立たないため、そのまま早めの夏休みに入りました。

❖ 13-1　土砂災害発生件数の推移

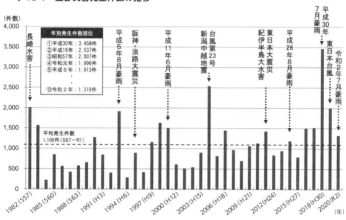

（件数）

年別発生件数順位
①平成30年：3,459件
②平成16年：2,537件
③昭和57年：2,007件
④令和元年：1,996件
⑤平成 5 年：1,913件

⑬令和 2 年：1,319件

長崎水害

平成 5 年 8 月豪雨

阪神・淡路大震災

平成 11 年 6 月豪雨

新潟中越地震

台風第 23 号

東日本大震災
紀伊半島大水害

平成 26 年 8 月豪雨

平成 30 年 7 月豪雨

東日本台風

令和 2 年 7 月豪雨

平均発生件数
1,105件（S57－R1）

（国土交通省「令和二年の土砂災害」より）

● どのような気象状況だったのか

　2018 年の 6 月 28 日から梅雨前線が北日本、北海道、西日本と移動しつつ日本付近に停滞していました。加えて、6 月 29 日に日本の南海上で台風 7 号が発生し、暖かく湿った空気が梅雨前線に向かって供給され、大雨になりやすい状況となっていました。

　また、梅雨前線の北側に位置するオホーツク海高気圧がこの

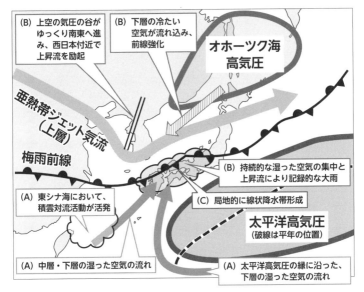

❖ 13-2 記録的な大雨の気象要因

(B) 上空の気圧の谷がゆっくり南東へ進み、西日本付近で上昇流を励起

(B) 下層の冷たい空気が流れ込み、前線強化

オホーツク海高気圧

亜熱帯ジェット気流（上層）

梅雨前線

(A) 東シナ海において、積雲対流活動が活発

(B) 持続的な湿った空気の集中と上昇流により記録的な大雨

(C) 局地的に線状降水帯形成

太平洋高気圧（破線は平年の位置）

(A) 中層・下層の湿った空気の流れ

(A) 太平洋高気圧の縁に沿った、下層の湿った空気の流れ

（気象庁報道発表資料より）

時期としては、過去になく強まっていました。このため、台風による南からの湿った空気の流入だけでなく、北からの冷たく湿った空気の流入もありました。梅雨前線に流入してきた湿った空気が供給する水分量は現在の気候ではほとんど最大レベルのものでした。そのため、豪雨には大気中の水分量を増やす地球温暖化の影響があったのではないかと考えられています。

「平成16年台風第23号」は、2004年10月13日にマリアナ諸島近海で発生した台風です。南西諸島から東日本にかけての広い範囲に甚大な被害を与えました。

●**平成16年台風第23号の概要**

「平成16年台風第23号(アジア名:トカゲ/Tokage)」は、2004年10月13日にマリアナ諸島近海で発生し、16日には超大型で非常に強い勢力となりました。18日に大型で強い勢力となり、その勢力を保ったまま19日に沖縄本島、奄美諸島へと進みました。20日に四国地方、近畿地方、東海地方と縦断し、21日に関東地方で温帯低気圧に変わりました。

本土に上陸した20日には九州地方から関東地方までの広い範囲で大雨となり、多くの地点で日降水量*1の記録を更新しました。近畿地方で河川の増水や氾濫による浸水害が発生したほか、西日本各地でがけ崩れや土石流が発生しました。高知県では高波によって堤防が損壊する被害もありました。

被害の状況は、死者・行方不明者98人、負傷者721人と多数の犠牲者を出しました*2。

●**被害の特徴**

「平成16年台風第23号」は、大雨による土砂崩れや浸水に

---

*1　当日の0時00分〜24時00分の降水量。

*2　住家の全壊907棟、半壊7929棟、一部破損1万2514棟。浸水被害は、床上浸水1万3341棟、床下浸水4万1006棟。台風による死者・行方不明者数は1970年代以降減少傾向にあったが、この台風によって記録が更新された。

よる被害が大きかったという特徴があります。これは、台風本体だけでなく、台風の北側にあった前線の活動が台風によって活発化して、広い範囲で大雨になったためです。とびぬけて雨量の多い場所があったわけではなく、広い範囲にまんべんなく大雨が降ったことが特徴でした。

　台風が日本に与えた影響の大きさを比較する**インパクト指数**というものがあります。インパクト指数は、アメダス観測所の測定値を用いて、雨の影響をはかる大雨インパクト指数と、風の影響をはかる強風インパクト指数、この２つを合わせた総合インパクト指数があります。これによってアメダス観測が始まった1976年以降の台風を比較することが可能です。

　それによると、台風第23号は、大雨インパクト指数が４位、強風インパクト指数が９位、総合インパクト指数が２位と大きな影響力を持つ台風だったことがわかります。

● **台風の年**

　2004年は10個の台風が上陸し、これまでの記録だった６個を大きく上まわる**最多上陸記録**の更新となりました。

　また、上陸した数だけではなく、18号は強風インパクト指数１位（総合インパクト指数6位）、16号は強風インパクト指数4位（同8位）でした。2004年は総合インパクト指数の10位までに３つの台風が入るという、極めて強い台風に数多くみまわれた年だったのです。

15

気象災害の実例：「平成18年豪雪」

> 「平成18年豪雪」は、前年の12月から1月上旬にかけて記録的
> な大雪となった豪雪事例です。除雪中の事故や、家屋の倒壊に
> よって下敷きになるなど多くの死傷者を出しました。

●平成18年豪雪の概要

　「平成18年豪雪」は、前年の2005年12月から年が明けた2006年1月上旬にかけて、異常な低温と降雪が続くことによって発生しました。記録的な大雪は北海道から中国地方までの日本海側全域と、さらに愛知県や滋賀県にもおよびました。長野県や新潟県、北海道など6道県で除雪活動の支援のために自衛隊の出動が要請されました。

　各地で積雪の12月の最大記録となったほか、東日本と西日本では12月の平均気温が、統計が残る1946年以降でもっとも低くなりました。1963年の「三八豪雪*1」に次いで、戦後2番目の豪雪と位置づけられています。

●豪雪によって起きた被害の特徴

　全国的にこの大雪は20年ぶりのことでした。近年経験したことのない急激な積雪への対応の遅れから、雪の重さによる家屋の倒壊が多数発生しました。また、倒壊を防ぐために、屋根の上の積雪を人力で下ろす「雪下ろし」などの除雪作業

＊1　「昭和38年1月豪雪」のこと。北陸地方を中心に死者228人、住家全壊753棟等の甚大な被害となった豪雪災害。

中の事故での被害が多く発生しました*²。

●どのような気象状況だったのか

　2005年の11月中旬ごろから、北極からの寒気の放出が続き、日本付近まで寒気が南下してきました。日本海側は12月から1月中旬まで平年値を超えることがほとんどなく、異常な低温が続きました。たびたび西高東低の強い冬型の気圧配置になり、暴風をともなった大雪が降りました。季節風の強さの指標である**モンスーンインデックス**は、2005年12月は過去50年のうちで、一番季節風が強かったことを示しました。

　北陸地方での公的な気象観測記録によると、12月の平均気温は平年より3.1℃低く、降水量は2倍近くありました*³。

　冬のはじめの異常な寒さと暴風をともなう大雪が特徴的な気象だったといえます。

❖ 15-1　モンスーンインデックスの模式図

モンスーンインデックスとは、イルクーツクと根室の気圧差で季節風の強さを表す指標

---

* 2　152人の死者のうち、およそ4分の3にあたる113人が除雪作業中の事故によるものだった。そのほか負傷者2145人、住家の全壊18棟、半壊が28棟、一部破損4661棟、床上浸水12棟、床下浸水101棟、大規模停電が延べ約148万戸、断水が約6万戸発生。
* 3　1月中旬以降は、山沿いでは大雪となっても、平野の降雪量は平年並みから少なくなった。

16

絶縁体を身につけていても雷は危険？

自然界の静電気による雷は、プラスの電気を帯びたところとマイナスの電気を帯びたところが数億ボルトから10億ボルトの電圧になると空気中を巨大な電流が流れて起こります。

●落雷による被害

落雷の被害は、雷による**雷電流**によってもたらされます。

落雷による人的被害は主に感電事故になり、次のような落雷による人的被害の特徴に注意が必要です[1]。

雷が落ちる場所は、積乱雲の位置しだいで、海面、平野、山岳など場所を選びません。また、周囲より高いものほど落ちやすいという特徴があります。遠くで雷の音がしたら、すでに危険な状況です。自分のいる場所にいつ落雷してもおかしくありません。グラウンド、平地、山頂、尾根等の周囲の開けた場所にいると、積乱雲から直接人体に落雷（直撃雷）することがあり、直撃雷を受けると約8割の人が死亡します。また、落雷を受けた樹木等のそばに人がいると、その樹木等から人体へ雷が飛び移ることがあります（側撃雷）。木の下で雨宿りなどをしていて死傷する事故は、大半がこの側撃雷が原因です。

落雷による被害の物的なものでは、火災をはじめ、機器の損傷まで広くあり、日本での年間被害総額は1000億円から2000億円と推定されています[2]。

---

[1] 「雷から身を守るには」（日本大気電気学会編集）による。なお日本では、1994年から2003年の統計（警察白書）によると、年平均被害者数は20人、うち死亡者数は13.8人であり、被害者の70％が死亡している。

[2] 電気学会技術報告第902号：2002年

●雷が多くみられる時期と場所

日本で雷が多くみられるのは夏で、1年間に観測される雷のほぼ半分が6月から8月に集中しています。落雷の被害の報告数の3分の1以上が8月に集中しています。

日本海側（とくに秋田県から鳥取県）では11月から3月ごろに冬季雷とよばれる雷が発生します。冬季雷は夏季雷よりも落雷数は少ないのですが、エネルギーが100倍以上に達することもあるほど強力だといわれています[*3]。

●雷のしくみ

暑い夏の晴れた日の午後、地面近くで暖められた空気が上昇気流となり、積乱雲（入道雲）になります。

雲の内部では凍りついた小さな氷の結晶や、あられがぶつかり合い、静電気がたまっていきます。氷の結晶はプラスの電気を帯びて積乱雲の上部に、あられはマイナスの電気を帯びて多くが氷の結晶よりも下側に分布しています。

この電気のかたよりが大きくなったとき、かたよりを解消するために雲と雲の間、または、雲と地面との間に空気中を電気が流れます（火花放電）。この放電のときに激しい稲妻が見られ、地面をゆさぶるような雷鳴が聞こえるのです。

このうち、雲と地面との間の火花放電が落雷です。

---

*3　この冬季雷は世界的にもめずらしく、ノルウェーの大西洋岸と日本の日本海沿岸に限られている。

●雷から身を守るには

　もしも、落雷があると災害が発生し、人命も危険にさらされます。**絶縁体であるゴム合羽やゴム長靴を身につけても、逆に金属を身につけていても、落雷の危険性にはまったく影響がない**ことがわかっています。

　落雷から身を守るポイント

［1］まずは、建物の中に避難する。鉄筋コンクリート建築、木造建築、自動車（オープンカーは不可）、バス、列車などは比較的安全

［2］電柱、煙突、鉄塔、建築物などの高い物体のてっぺんを45度以上の角度で見上げる範囲で、その物体から4m以上離れたところ（保護範囲）に避難する

［3］高い樹木の幹、枝、葉から最低2m以上離れる

［4］できるだけ低いところに移動し、姿勢も低くする

❖16-1　保護範囲は比較的安全

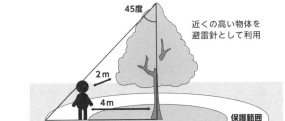

45度

近くの高い物体を避雷針として利用

2m

4m

保護範囲

異常気象とは、経験したことがないような気象現象や気象災害
のことを指す言葉です。気象庁では同じ場所で同じ時期に 30 年
に 1 回以下しか発生しないことを目安にしています。

● 「異常気象」とよばれるもの

　異常気象という言葉はとても広い意味で使われています。大
雨のように時間にして数時間、空間の広がりが数十 km の範
囲から、干ばつや猛暑のように数カ月以上、日本の国土と同
じくらい広い範囲に影響がおよぶものまで含まれます。また、
通常にみられる台風なども、とても大きな勢力だったり、同
じような場所ばかりを通過して、偏って被害が生じたりした
場合には、異常気象として扱われます。

● 異常気象を生む「ゆらぎ」

　異常気象は多くの場合、地球の気候をつくっている大気や海
洋が持っているさまざまな自然のゆらぎが、重なり合って大
きく一方に振れたときに起こると考えられています。このゆ
らぎのことを「**自然変動**」とよびます。異常気象の原因とな
る自然変動には、たとえば太陽活動にみられる 11 年周期[1] な
どがあります。このうち、日本への影響が大きい代表的な自
然変動について説明します。

---

　[1]　太陽表面にある黒点の数や、太陽から放射されるエネルギーには 11 年周期の変動がある。

●エルニーニョ／ラニーニャ現象

　太平洋の赤道域の中央から東側で海面水温が平年より高く
なるのが**エルニーニョ現象**、低くなるのが**ラニーニャ現象**で
す。数年おきに発生するこれらの現象は、世界中に異常気象
を生じさせる大きな要因として注目されています。

　日本への影響は次のようなものです。エルニーニョ現象で
は夏は気温が低く日照時間が短くなる傾向が、冬は西高東低
の冬型の気圧配置が弱まり暖冬となる傾向があります。ラニー
ニャ現象では逆に夏は気温が高く、冬は冬型の気圧配置が強
まる傾向があります。

❖ 17-1　エルニーニョ現象とラニーニャ現象の違い

●ブロッキング現象

日本の上空を含む中緯度地方の上空5000mのあたりには、西から東に地球を一周する偏西風が吹いています。偏西風は、赤道近くと極地の間の温度差を和らげるために、南北に振れて流れます。この南北の振れが大きくなると、高気圧や低気圧が停滞してしまうことがあります。そうすると通常は西から東に変化していた天気が変わらなくなり、しばらく同じような天気ばかりが続くようになります。結果として長雨や干ばつを起こしやすくなります。

日本で梅雨の時期に見られるオホーツク海高気圧はこのような性質の場合が多く、**ブロッキング高気圧**とよばれます[2]。

❖17-2　ブロッキング現象

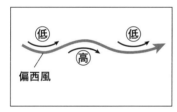

通常時の偏西風

偏西風はゆるやかにうねっていて、西からの風に乗って低気圧や高気圧が移動する

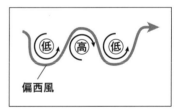

ブロッキング時の偏西風

低気圧や高気圧が停滞し、同じ場所に暖かい空気や冷たい空気が流れ込み続ける

---

[2]　オホーツク海高気圧が通常よりも長く持続すると梅雨が長くなって冷夏になり、稲作をはじめとした農業に大きな影響を与える。

●気候変動で増える異常気象

また、近年問題となっている人間の活動による気候変動である「地球温暖化」は、異常気象が起こる頻度を高めているらしいことがわかってきました。IPCC（気候変動に関する政府間パネル）は、2021年8月9日に、最新の報告書の重要な部分として、**"人間の影響が、大気海洋および陸域を温暖化させてきたことには疑う余地がない"**という評価を公表しました。自然のゆらぎに人間活動によって温度が高くなった分が足されることになるため、その影響を受けて異常気象の発生頻度は高まると考えられています。

最近行われるようになった、スーパーコンピューターを用いた研究においても、世界で起きた異常気象に温暖化の影響が大きく影響しているという結果がいくつも得られています*3。

❖ 17-3　温暖化が異常気象に影響する解析例

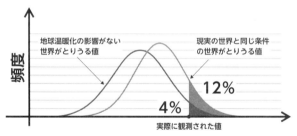

実際のある異常気象が起こる可能性をスーパーコンピューターを用いて調べる。図では温暖化が進む現実の世界では12%、温暖化のない仮想世界では4%の異常気象が起こりうるとしているので、温暖化によってこの異常気象が3倍起こりやすくなったといえる。

＊3　2010年の南アマゾンの干ばつや、13年6〜7月の南日本の熱波は、人間活動が発生確率を高めたという研究結果がある。

18 地球温暖化で日本の気候はどう変わる？

> 人間活動が原因の地球温暖化は、多くの科学的な証拠によって事実であると考えて間違いのないものです。日本でも地球温暖化が原因と思われる影響が表れ始めています。

●日本の気候はどう変わったか？

気象庁のデータによると、日本の気温は、都市化による気温の上昇の影響が大きくないと考えられる 15 の場所での観測で、1898 年から 2019 年までの間に約 1.5℃上昇しています。都市化の影響もある東京では、**20 世紀の間に約 2.9℃平均気温が上昇**しました。

もう少し細かく変化を見ると、最高気温が 30℃以上の真夏日や 35℃以上の猛暑日、夜間の最低気温が 25℃以上の熱帯夜の日数は増えていて、逆に最低気温が 0℃未満の冬日は減っています。猛暑日は 1990 年代半ば以降、目立って増えています。気温以外にも変化はみられていて、短時間に降る雨の量は増えていますが、雨の降る日数自体は減っています。日本海側の雪の量は減少傾向があるようです。

海面水位の上昇も 20 世紀の 100 年間でおよそ 17cm 上昇しました（世界平均）。しかし、日本の沿岸では明らかな上昇傾向はみられていません。一方で、海面水温は 1900 年から 2019 年までの間におよそ 1.35℃上昇しています。

❖ 18-1　日本での温暖化の推移

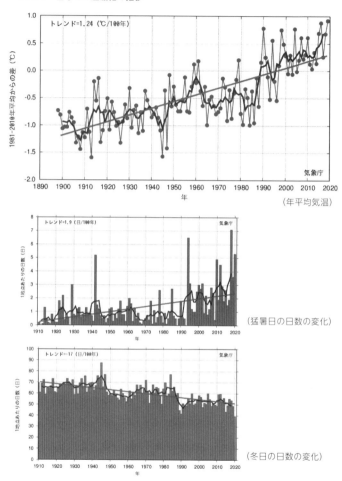

（年平均気温）

（猛暑日の日数の変化）

（冬日の日数の変化）

●日本の生態系、農業・水産業への影響

　地球温暖化による気候の変化の影響は、身近な自然にも表れてきています。

　サクラの開花時期が早くなり、紅葉が遅くなってきています。南方系の蝶であるナガサキアゲハは、1940年代には九州や四国の南部までが生息域でしたが、1980年代には和歌山県や兵庫県が生息域となり、2000年以降は関東地方まで分布を広げています。冬鳥としてやってくる渡り鳥であるマガンの飛来時期は遅くなり、旅立ちは早くなりました。

❖18-2　ナガサキアゲハとその分布域の北上

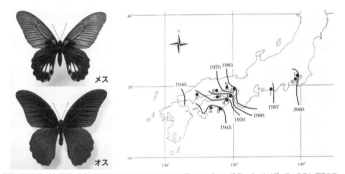

写真：尾状突起, CC BY-SA 3.0 <https://creativecommons.org/licenses/by-sa/3.0>, ウィキメディア・コモンズ経由で
分布域の図：北原ら, 2001より抜粋

　影響は陸上だけではありません。海洋生物では南方系のタコやカニ、魚類などが北上し、沖縄でサンゴの白化現象[*1]が発

＊1　海水温の上昇などによりサンゴの中に共生する直径0.01mmほどの藻がサンゴから抜け出すことで白くなる現象。

生しています。ウミガメの産卵・孵化場（ふか）も北上しています。

　自然が相手の産業である農業や水産業にも影響は出てきています。農業は全国的に気温の上昇や降水量の変化のために米や野菜の品質や収穫量が低下してきていて、害虫や病害も増加しています。その中には私たちの主食であるお米も入っていて、一等米の割合が減っています。畜産業では、暑熱ストレスといって、気温や湿度の上昇によって、家畜の生理機能に悪影響が出ています。餌を食べなくなって成長が悪くなったり、繁殖率が減ったりする例が増えています。

　水産業ではスルメイカやサンマなどの広い海域を回遊する魚種の分布に変化がみられ、養殖業や河川や湖沼など内水面で行われている漁業でも高温によるへい死（突然死）などが増えています。

　このように負の影響が大きい一方で、一部ではワイン用のブドウの栽培に適した土地が拡大したり、海水温の上昇でブリなどの漁獲量が増えたりした例もあります。

●私たちの生活への影響

　地球温暖化によって日本に住む私たちの暮らしはどのような影響を受け始めているでしょうか。

　近年、日本各地で大雨や台風、水不足によって、電気・ガス・水道が止まったり、道路が寸断されたりするなど、生活の基盤となる施設やシステムに被害が生じ、私たちの生活に支障

をもたらす場合が増えています。

また、気温の上昇で熱ストレスが増大し、熱中症リスクの増加や生活の快適性・睡眠の質の低下が起こっています。気温が変化することで感染性の胃腸炎やインフルエンザなどへのかかりやすさや、流行パターンの変化がすでに報告されています。また、マダニやカなどの感染症を媒介する生物が分布域を変えたり数を増やしたりすることによる感染のリスクの高まりが危惧されています。

●日本の気候はどうなっていく？

地球温暖化はすでに温室効果ガスの排出の削減では避けられない状況にきていると考えられています。

日本周辺の将来の気候は、年平均気温や各季節での平均気温も高緯度、つまり北にある地域ほど上昇が大きいと予測されていて、夏よりも冬の方が気温の上昇が大きいと予測されています。一方降水量には、意味のある大きさの変化が予測されていません（全国平均）。ただし、大雨の発生数が増えるなど、降り方が極端になると考えられています。

日本に大きな災害をもたらす台風に関しては、気温や海水温の上昇によって強大化することが予想されています。1つの台風の大きさは大きくなりますが、日本に接近する台風の数は減ると予測されています。そのため、台風によってもたらされる雨の量は変化しないと予測されています。

第2章

ゆれる！
地震大国

多発する日本列島の地震災害

> 日本は世界有数の地震国で、震度 6 弱以上が年に 2 〜 3 回、震度 5 弱以上が月に 1 回程度、震度 4 以上が月に 7 回程度、震度 3 以上が毎日 1 回程度記録されています。

●日本はなぜ地震が多いの？

　私たち日本に住んでいる人にとって、地震があるのは当たり前ですが、実は地震のある国は少数派です。

　世界の地震の分布を見ると大部分は太平洋を取り巻く地域、アルプスやヒマラヤ地域、世界中の大海底山脈（中央海嶺）地域で、古い岩石からできた地殻変動のない安定した地域では地震はほとんどありません。

　とくに地震が多い国は限られていて、なかでも日本は、**世界の面積の 1 ％にもならないのに、世界の約 1 割の地震が発生**しています。

　では、なぜ日本は地震が多いのでしょうか。

　地球の表面は十数枚の**プレート**とよばれる岩石の板におおわれています。日本周辺には 4 つのプレートがあります。

　大陸プレートの**ユーラシアプレート**と**北アメリカプレート**、海洋プレートの**太平洋プレート**と**フィリピン海プレート**です。

　地震は地下の岩石に加わった力に岩石が耐えきれなくなり破壊され、その振動が四方に伝わるものです。

❖ 19-1　日本列島付近のプレート

日本で地震が多いのは、日本周辺の４つのプレートがぶつかり押し合っているからです。プレートは硬い岩石の板なのに、年間数 cm ずつ動いています。

●プレート境界型地震

日本の太平洋側は、海洋プレートが海溝付近でもぐり込む場所です。そうすると、大陸プレートが引きずり込まれて耐えきれなり、大陸プレートがはね上がって大地震を起こします。これはプレートの境界で起こる**プレート境界型地震**で、2011

❖ 19-2　プレート境界型地震のしくみ

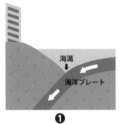
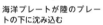

❶
海洋プレートが陸のプレートの下に沈み込む

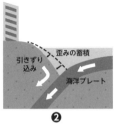

❷
陸のプレートの先端部が引きずり込まれ、歪みが蓄積する

❸
歪みが限界に達し、陸のプレートの先端部がはね上がって海溝型地震が発生する

年の東北地方太平洋沖地震（東日本大震災）はこのタイプでした。

　今後起こる可能性の高い南海トラフ巨大地震も同様です。

　トラフとは、細長いが、海溝よりは幅広く浅い海底のくぼ地の地形で、南海トラフは静岡の南側から九州の東側までつながっています。この地域では、マグニチュード8クラスの地震の間隔が100〜150年くらいで起きてきました。

　前回の南海トラフ地震（1944年昭和東南海地震）および昭和南海地震（1946年）が発生してから、海洋プレートの沈み込みによるエネルギーの蓄積が70年以上続いています。

　2018年1月に南海トラフ地震が起こる確率予想が改定され、今後30年以内に南海トラフ地震（マグニチュード8〜9）が起きる確率は、「70％程度」から「70〜80％」に引き上げられています。

●プレート境界型以外の地震

沈み込む海洋プレートの内部で起こる地震もあります。

大きく「沈み込む場所の手前で起こる地震」（1933年昭和三陸地震）、「沈み込んだばかりの場所で起こる地震」（1994年北海道東方沖地震）、「プレート内の深部で起こる地震（深発地震）」（1993年釧路沖地震）の３つです。

もう１つ、海洋プレートに大陸のプレートが押されて歪みが蓄積され、やがて内陸で断層が動いて起こる地震があります。これは「**内陸活断層型**」あるいは「**直下型**」ともいわれ、私たちの住んでいる真下の浅いところで起こります。マグニチュードの数値としては巨大地震ではなくても、震源が浅いので強烈なゆれが襲います。1995年兵庫県南部地震（阪神・淡路大震災）や2016年熊本地震などがこのタイプの地震です。

●最大震度７を設定したのは１９４９年

震度は、ある場所での地震のゆれの強さを表すものです。

1908年、当時の中央気象台により７段階の震度階が定められ、1949年に震度７（激震）が付け加えられて８段階になりました。

1996年に、それまでの測候所の職員の体感で判断していた方式を計測震度計による自動決定の方式へと大きく改訂しました。この変更に合わせて震度５と６はそれぞれ弱と強とに二分するようになり、震度は０から４と、５弱、５強、６弱、６強、７の**10段階**になりました。

●地震災害（震災）

　大地震は大地をゆり動かし、その結果、家屋などの建物、橋
や高架の道路を壊します。耐震性の低い建物、地盤が軟弱な
ところにある建物は危険が大きいです。

　1995 年の兵庫県南部地震における死者の 9 割は古い木造家
屋が倒壊し、家屋や転倒した家具の下敷きになったりしての
圧迫死（圧死・窒息死）でした。

　山地では山くずれや土石流が発生します。河川の堤防の破損
やときには決壊、鉄道や道路などの損壊もみられます。

　埋立地などの地下水を多量に含んだ砂が、地震でゆすられ流
動的になり、液体のようなふるまいをする**液状化現象**が起こ
ることがあります。地盤の液状化で鉄筋コンクリート建物の
転倒や不同沈下*1 が起きた例があります。

　また、地震のあとに発生する**火災**はときに大惨事を引き起こ
します。1923 年の関東大震災のときは大火事になり、何万人
もの焼死者を出しました。

　日本周辺で起こる地震の八十数％は海底に震源があります。
したがって、**津波**による災害も重大です。2011 年東日本大震
災では死者の 90 ％以上が津波によるものでした。

＊1　建物が不揃いに沈下を起こすこと。

20 震度とマグニチュードの違いって何？

> 地震の強さの表し方には「震度」と「マグニチュード」があり
> ますが、2つの違いを説明できるでしょうか。まずは混同され
> がちな用語から、地震について紐解いていきましょう。

●"原因"も"結果"も「地震」とよぶ

　地震は、地下の断層が急激にずれ動くこと（断層運動）で生じ
ます。このとき地面がゆれるのは、断層面が擦れるときに生
じた「振動」が地表に伝わってくるからです。

　報道機関が「地震が発生しました」と発表したとき、そこに
は「震源で断層運動が起きました」という意味と「各地の地
面がゆれました」という意味の両方が含まれています。

　このように、私たちは"原因"としての「地下の断層運動」と、
その"結果"として「地面がゆれること」を、どちらも地震と
よんでいて区別していません。これが震度とマグニチュード
の違いがわかりにくい原因です。

●マグニチュードは「原因」、震度は「結果」

　テレビのリモコンで音のボリュームを上げるとうるさくな
り、下げると聞こえなくなりますね。このとき音の大きさが
変わったのはボリュームを上げ下げしたからです。この音の
大きさを変化させた「ボリュームの値」が**マグニチュード**、

あなたの耳に届く「音の大きさ」が震度です。ボリュームを上げるとうるさくなって部屋中に聞こえますが、下げるとテレビに近づかないと聞こえません。

　マグニチュードも同じで、マグニチュードが大きいと震度も大きくなって広い範囲がゆれますが、小さいと震央（震源）*1の近くしかゆれを感じません。震度は震央に近づくほど大きく、離れるほど小さくなります。

　地震が発生したとき、マグニチュードの数値は1つしか発表されませんが、各地の震度はいくつも発表されます。**マグニチュードは地震を起こした「原因」の数値なので、1つの地震で1つしかないのです。一方の震度は「各地の結果」なので**たくさんあります。

●震度階級

　各地のゆれの強さを数値で表したのが震度です。昔はわずか4段階で表しましたが、だんだんと細かくなって、0〜7の8段階の時代が長く続きました。ここまでは震度を正確に測る機械がなかったので、各地の気象台の職員が体感や被害状況をもとに震度を決めていました。しかし1990年ごろになってようやく**震度計**が開発され、1996年4月を境にすべて震度計による計測に切りかわりました。このとき震度5と6に関しては、同じ震度内でも被害状況がかなり違うことから「強」と「弱」に二分され、現在の**10段階**になりました*2。

---

*1　この例では「テレビ」が震央（震源）にあたる。
*2　この震度階級は日本独自のもので、世界ではそれぞれの国や地域で独自の震度階級が使われている。そのため、海外の人に日本の震度を伝えても、ゆれの強さは正確には伝わらない。

❖ 20-1 震度とゆれの状況

	震度 0	人はゆれを感じない
	震度 1	屋内にいる人の一部が わずかなゆれを感じる
	震度 2	屋内にいる人の多くがゆれを感じる 眠っている人の一部が目を覚ます
	震度 3	屋内にいる人のほとんどがゆれを感じ 恐怖感を覚える人もいる
	震度 4	かなりの恐怖感があり、一部の人は 身の安全を図ろうとする 眠っている人のほとんどが目を覚ます
	震度 5弱	多くの人が身の安全をはかろうとする 一部人は行動に支障を感じる
	震度 5強	非常な恐怖感を覚える 行動に支障を感じる
	震度 6弱	立っていることが困難になる
	震度 6強	立っていることができず、 這わないと動くことができない
	震度 7	ゆれに翻弄され、自分の意思で 行動できない

●マグニチュード

　昔からマグニチュードの決め方には複数の方式がありましたが、日本（気象庁）では**震央から一定の距離に置かれた地震計の針の振れ幅（最大振幅）をもとに計算**しています。これは**気象庁マグニチュード**とよばれ、地震の発生からわずか3分で算出できるという速報性に優れています。ただし、マグニチュードが8を超えると針の振れ幅が頭打ちしてあまり変わらなくなり、正確に表せないという弱点がありました。その弱点を解消するため、1977年に日本の地震学者である金森博雄が考案したのが、多くの地震計のデータから求めた断層運動の大きさをもとに算出する**モーメントマグニチュード（Mw）**です。

　たとえば、2011年の東北地方太平洋沖地震では、気象庁は気象庁マグニチュードで速報値7.9を発表し、約1時間後には8.4に引き上げました。しかし気象庁マグニチュードの頭打ちが起こっていると判断し、モーメントマグニチュードを算出して改定値8.8を発表できたのが約3時間後、さらに外国からも多くのデータを取り寄せて詳細に分析し、確定値9.0を出せたのは2日後でした。実際には9.0の方が実態通りであり、従来の気象庁マグニチュードでは正確なマグニチュードを表せていなかったのです。

　しかしモーメントマグニチュードにも弱点があり、それは「算出するのに時間がかかる」ことと「規模の小さい地震は正確に表せない」ことです。そこで現在では、**ふつうの地震で**

は気象庁マグニチュードを発表し、規模の大きな地震に限ってモーメントマグニチュードも併記して発表するようになりました。

　ちなみにモーメントマグニチュード算出のもととなる断層運動の大きさとは、「断層の面積×ずれの量」です。断層の面積が大きくなるとずれの量も大きくなるという相関関係があるので、ほぼ「断層の面積」で決まると考えてよいでしょう。

　断層の面積とマグニチュードの関係は、おおよそ下表の通りです。

❖ 20-2　断層の面積とマグニチュード

M	断層の大きさ	たとえるなら	ずれの量
9	300×150km	東北地方の面積	15m
8	100×50km	宮城県の面積	5m
7	30×15km	琵琶湖の面積	1.5m
6	10×5km	山手線の面積	50cm
5	3×1.5km	国際空港の面積	15cm
4	1km×500m	東京ディズニーランドの面積	5cm
3	300×150m	スタジアムの面積	1.5cm
2	100×50m	校庭の面積	5mm
1	30×15m	プールの面積	1.5mm

21 プレートはどうやって地震を起こすの？

地球の表面は、およそ十数枚の硬い岩盤（プレート）でおおわれています。それらプレートの相互運動によって山地の形成、地震や火山活動などの地殻変動が生じます。

●プレートって何？

　地球の内部は、物質の違いによって**核**、**マントル**、**地殻**に分けられます。それは、ゆで卵の黄身、白身、殻のようです。黄身が核、白身がマントル、殻が地殻にあたります。

❖ 21-1　地球の内部

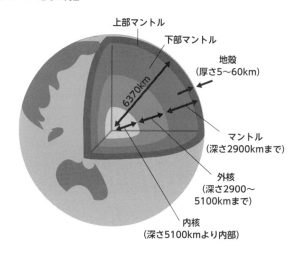

上部マントル

下部マントル

地殻
(厚さ5〜60km)

6370km

マントル
(深さ2900kmまで)

外核
(深さ2900〜
5100kmまで)

内核
(深さ5100kmより内部)

ゆで卵と地球が違うのは、ゆで卵の黄身、つまり地球の核が、内核（固体）と外殻（液体）の２つの層に分かれていることです。

　核は鉄とニッケルからなります。

　マントルは、かんらん岩など高密度の岩石で構成され、地殻は主に花こう岩と玄武岩からなります。

　地殻とマントル最上部を合わせた厚さ数十〜百数十kmの硬い岩盤を**プレート**といいます。

　地球の表面をおおう十数枚のプレートは、**アセノスフェア**という軟らかい岩盤の上を滑るように、それぞれ異なる方向に異なる速度（年におよそ数cm）で動いています。

❖ 21-2　プレートの断面図

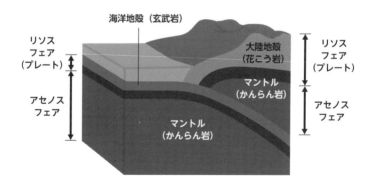

大陸はそれらプレートとともに地球表面を移動しています。プレートどうしが、互いにぶつかったり、こすれたり、離れたりすることで地殻変動が生じます。

●日本周辺にはプレートが4つある

　日本列島のまわりの海底には、深さ8000mほどの**海溝**や深さ6000m未満の**トラフ**という細長く延びる溝状の地形があります。これらの溝は、大陸プレートと海洋プレートが衝突するプレート境界です。

　日本周辺には4つのプレートがあります。**北米プレート**と**ユーラシアプレート**は大陸プレートで、**太平洋プレート**と**フィリピン海プレート**は海洋プレートです[*1]。

　日本列島は、これら4つのプレートが出合う位置にあります。

　太平洋プレートは、南アメリカ大陸の沖合にある東太平洋海嶺で生まれ、およそ1.5～2億年かけて太平洋を横断して日本海溝まで移動してきました。その間に十分に冷えて重たくなった太平洋プレートは、日本海溝で北米プレートの下に、伊豆・小笠原海溝でフィリピン海プレートの下に沈み込んでいます。伊豆・小笠原海溝で起きている海洋プレートどうしの衝突と沈み込み現象は世界的にめずらしく、ここでしか見ることができません。

　そのフィリピン海プレートは、相模トラフで北米プレートの下に、駿河トラフ・南海トラフでユーラシアプレートの下に

---

*1　最近では全地球測位システム（GPS）により地盤の水平方向の動きが詳細に調べられ、小さなプレート（マイクロプレート）の存在がわかってきた。北米プレートのカムチャツカ半島から南方をオホーツクプレート、ユーラシア大陸を乗せるユーラシアプレートの一部（中国東北部）はアムールプレートと区分されることがある。

沈み込んでいます。

　そしてユーラシアプレートは、日本海で北米プレートの下に沈み込んでいます。

　この複雑なプレートの衝突により、日本列島は地震・火山活動などの地殻変動が極めて活発な地域となっています。国土は狭いですが、**世界中で発生する地震のおよそ 10 ％が日本周辺で発生**しています。

❖ 21-3　日本周辺のプレート

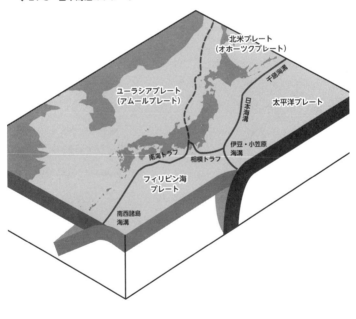

●プレートにたまった歪みエネルギーが地震を起こす

プレートはとても硬い岩盤からなりますが、巨視的に見ると**弾性体**です。

力が加えられると変形し、力が取り除かれると元に戻ります。それぞれのプレートが、衝突したりすれ違ったりすると、プレートは変形し歪みエネルギーを蓄えます。

弾性体としてのプレートが、変形して限界まで歪んでエネルギーを蓄えると、そのプレートは破壊して衝撃が周囲に伝わります。それが地震です。

❖ **21-4 岩盤の破壊**

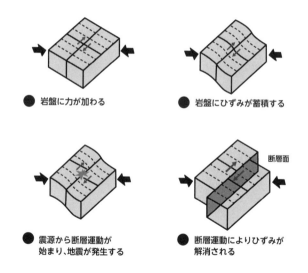

● 岩盤に力が加わる

● 岩盤にひずみが蓄積する

● 震源から断層運動が始まり、地震が発生する

● 断層運動によりひずみが解消される

断層面

歪みエネルギーや破壊は脆弱なプレート境界に集中するので、震源の連なりがプレートの境界を表します。

　震源の多くは海溝やトラフに沿って分布していますが、それだけではありません。

　日本列島周辺の震源は、大きく3つに分けられます。

　1つはプレートとプレートが接している**プレート境界**、2つめは**沈み込む海洋プレートの内部**、3つめは**大陸プレートの表層**（**活断層**）です。

❖ 21-5　3種類の震源

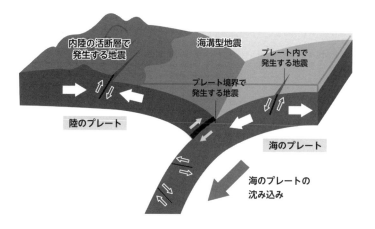

22 プレートの境界で起こる地震って何?

2つのプレートが衝突すると、片方のプレートが別のプレート
の下に沈み込みます。それら衝突している2つのプレートが接
しているところでは、規模の大きい地震が発生します。

●プレート境界の地震

　日本海溝や南海トラフまで移動してきた密度の大きい海洋
プレート(太平洋プレートやフィリピン海プレート)が、密度の小さ
い大陸プレート(オホーツクプレートやアムールプレート)に衝突し
てマントルへと沈み込みます。

　大陸プレートと、その下に沈み込んでいる海洋プレートとが
接している面に凹凸があると、その部分がかみ合って大陸プ
レートと海洋プレートが固着します。その固着している部分
を、**アスペリティー**(固着域)といいます。

❖ 22-1　アスペリティー

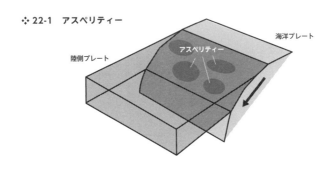

陸側プレート

アスペリティー

海洋プレート

アスペリティーがあると、その衝突現場では、沈み込む海洋プレートに引きずり込まれるように大陸プレートが変形し、大陸プレートに歪みが蓄積します。やがて、変形した大陸プレートは反発しはね上がります。そのときの衝撃が四方八方に広がり地表に伝わる現象が、プレート境界の地震です。

❖ 22-2　大陸プレートの変形とはね上がり

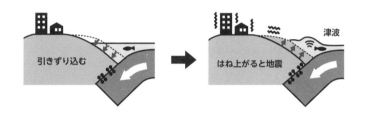

　海溝やトラフで沈み込む海洋プレートは、長い年月をかけて海底を移動してきました。その間に、海洋プレートは冷却して冷たくなっています。冷たい海洋プレートは、接している大陸プレートの熱を奪って、大陸プレートの温度を下げます。一般に、物質は温度が高いときよりも低いときの方が硬くなっています。そのため、海洋プレートと大陸プレートが接する境界では、プレートはなかなか破壊しません。つまり、大きな歪みエネルギーをためることができて、マグニチュード8クラスの巨大な地震を引き起こすのです。

●津波

大陸プレートと海洋プレートが接しているところを震源域とする地震にともなって**津波**が発生することがあります。海底ではね上がった大陸プレートは、海水を上下に動かします。その結果、海面に大きな波が生じて周囲に伝わります。

津波は、海底から海水面までの海水が、ひとかたまりとなって動く巨大な波で、海岸で日常的に見られる波とはまったく異なります[22-2]。

●ゆっくり地震（スロースリップ）

海洋プレートと大陸プレートが固着しているアスペリティーの周辺で、断層がゆっくり動いて歪みエネルギーを放出する現象が観測されています。このとき、断層はゆっくりと動くため地震波は放出されません。そのような現象を「**ゆっくり地震（スロースリップ）**」といいます。数日間かけて断層が動く短期的スロースリップと数カ月から数年かけて断層が動く長期的スロースリップなどがあります。

ゆっくり地震のゆれによる被害はありませんが、そのすべり量が大きくて海底地盤の変形が大きい場合には、津波が発生することがあります。大きな地震動がないので沿岸の住民は地震に気づかずに津波に襲われてしまうのです。このような津波をともなうゆっくり地震を**津波地震**といいます[*1]。

[*1] 1896年の明治三陸地震や、1992年のニカラグアでの地震がその典型。また、ゆっくり地震が通常の地震を誘発する可能性についての研究が進められている。房総半島の沖合では、群発地震が数年に一度くらいの頻度で発生していて、その群発地震と同時期にゆっくり地震が観測されている。

23 プレートの内部で起こる地震って何？

海溝やトラフで沈み込む海洋プレートの内部では、アウターライズ地震やスラブ内地震など、震源の場所や深さ、しくみの異なる地震が発生します。

●アウターライズ地震

　海洋プレートが海溝やトラフに到達する前の沖合で地震が発生することがあります。それまで海底を移動してきた平坦なプレートは、海溝やトラフに沈み込むときに屈曲し内部に歪みエネルギーを蓄積するのです。

　下向きに曲げられる海洋プレートの上面は引き延ばされます。このとき、海洋プレート上面の浅いところで発生する地震を**アウターライズ地震**といいます。

❖ 23-1　沈み込むプレート内部の地震

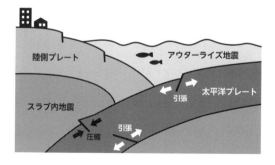

アウターライズ地震は、震源が陸地から離れているため、震度は小さいのですが、海底のすぐ近くで断層運動が起きるので、大きな津波が発生することがあります[*1]。

● 和達わだち・ベニオフ帯

　東北地方で発生する地震の震源分布を下記に示した断面図で見ると、太平洋側（東）から日本海側（西）へ向かって深くなっています。この震源分布は**和達・ベニオフ帯**といい、海溝から沈み込む海洋プレートに沿って分布しています[*2]。

　この沈み込む海洋プレートのことを**スラブ**といいます。スラブ内で発生する地震の震源は、浅いところから深いところまでであり、とくに震源が200 km以上の深さにある地震を**深発地震しんぱつ**といいます。もっとも深い震源は700 kmほどの深さです。

❖ 23-2　和達・ベニオフ帯

● スラブ内地震

　深さ100 kmあたりの震源は、上下2層になっています。こ

　[*1]　アウターライズ地震によって生じた海洋プレート表面の凸凹が、アスペリティーの原因の1つと考えられている。

　[*2]　1930年代に、気象庁の和達清夫（わだちきよお）とアメリカのカリフォルニア工科大学のヒューゴー・ベニオフによって発見されたことにちなむ。

れは、アウターライズで折れ曲がった海洋プレートが再び平らに戻ることによって、スラブの上面では圧縮力が働き、下面では引っ張り力が働くからです図23-1。深発地震は、スラブが深さ200 km以深を沈み込む過程で自重などにより折れ曲がって発生すると考えられています。

●異常震域

深発地震では震央付近ではなく遠く離れた地域で最大震度となることがあります。震源が深い場合、和達・ベニオフ帯の上には軟らかいアセノスフェアがあり地震のゆれは減衰し、震央付近に大きなゆれが伝わりません。しかし、十分に冷却して硬くなっているスラブでは、ゆれがあまり減衰しないで伝わり、震央から離れた地域で大きな震度が観測されることがあるのです。

❖ 23-3　異常震域

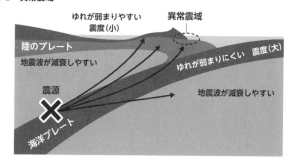

> 大地震のときに「活断層が動いた」と聞くことがありますが、これは、断層の中で最近動いたことがあり、これからも動く可能性のある断層のことです。多くの場合地震を起こす断層です。

●活断層とは

兵庫県南部地震（阪神・淡路大震災、1995年）が起ったときに、「阪神・神戸と淡路の活断層が動いた」と報道され、多くの人ははじめて**活断層**という言葉を知ることになりました[1]。

地下の岩石にはまわりから力がかかっています。そして、地下の浅いところの大きな地震を引き起こした断層には岩石に割れ目がたくさんできています。私たちでも古傷があると、体にストレスがかかったときに古傷から痛むことがありますね。同様に岩石が力を受けると、地下の岩石に割れ目があればそこから岩石の破壊、つまり地震が起こりやすくなるのです。

そこで、**最近の期間に地震をくり返し起こし、これからも引き続き地震を起こす可能性が高い断層**を「活断層」とよんでいます。「最近」といっても、地球の歴史約46億年の中での「最近」で、**数十年〜200万年前**のことです。

日本列島にはおよそ2千を超える活断層があります。活断層が動いて起こった兵庫県南部地震では野島断層によって地面が水平に1〜2m、垂直に0.5〜1.2mも動きました。

---

[1] 「活断層」という言葉は、今では中学理科の教科書にも載っている。

●活断層を調べれば次に起こる地震が予測できる？

　活断層でくり返し地震が起きやすいということなら、活断層が、かつていつごろ動いたかを調べると、次にいつごろ地震が起こるのかをある程度前もって知ることができると思われます。そこで、国は98の活断層を選んで、調査を進めています。

❖ 24-1　調査対象の活断層の分布
　　（文部科学省「日本地震防災活断層」）

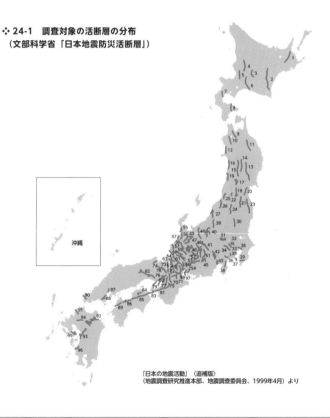

「日本の地震活動」（追補版）
（地震調査研究推進本部、地震調査委員会、1999年4月）より

しかし、活断層の調査による地震予測はなかなか難しいのが現実です。長い間の侵食や風化によって活断層の存在がわかりにくくなっている場合もあります。見つかっていなかった活断層が動いて地震が起きる場合も多いのです。

　もっとも大変なのは、活断層が起こす地震の活動周期が千年から数万年に1回と非常に長く、ほとんどは静かな状態でいたのに、突然動くのですから、活断層は、地震の短期的な予測にはあまり向いていません。

●活断層は、中部地方から近畿地方に多い

　活断層のずれの量は、千年から数万年に1回の地震でできるずれの量が累積していったものです。そこで、千年の間の平均的なずれの量で、活断層の活発さを示すことができます。非常に活発なのは活動度A級です。千年あたり平均的なずれの量が1m以上10m未満です。西南日本の中央構造線、中部日本の糸魚川ー静岡構造線、静岡の丹那断層や富士川断層、岐阜の阿寺断層、根尾谷断層など約100あります。

　活動度B級は、千年あたり平均的なずれの量が10cm以上1m未満で、約750あります＊2。

　活断層は日本列島周辺の海底にも多いです。とくに千島海溝ー日本海溝北部の海溝沿いや西南日本南岸沿い（南海トラフ）には、A級よりも活発な海底活断層（AA級）があって、数十年から150年間隔で大地震を起こしています。

＊2　活動度C級は、1千年あたり平均的なずれの量が1cm以上10cm未満で、約450が知られている。

25 内陸の活断層によって起こる地震って何？

> 太平洋のはるか沖合から移動してくる海洋プレートは、日本列島がある大陸プレートを押し続けています。そのため、大陸プレート表層の活断層でいわゆる「内陸型地震」が発生します。

●内陸型地震

海洋プレートが大陸プレートを押すことによって、大陸プレートの内部に歪みエネルギーが蓄積します。その歪みエネルギーに耐えられなくなった岩盤が破壊して生じる地震を**内陸型地震**といいます。

内陸型地震の震源は浅く、ほとんどが 20 km よりも浅いところにあります。私たちが生活している足もとで発生するために、**直下型地震**といわれることもあります。地下浅いところにある内陸型地震の震源（岩盤）には、大きな歪みエネルギーを蓄えることができません[*1]。

❖ 25-1　内陸型地震

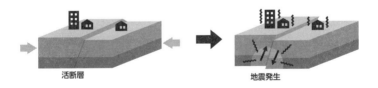

活断層　　　　　　　　　　　　　　　　　　地震発生

---

*1　そのため、マグニチュードは大きくても 7 程度までであり、プレート境界型の地震に比べると小さい。

●内陸型地震と活断層

　陸地の浅いところを震源とする直下型地震が発生すると、震源付近の地表に**地割れ**ができることがあります。その地割れには、地面が上下方向や水平方向にずれているものがあります。これを**地表地震断層**といいます。

　兵庫県南部地震（1995 年）のときの淡路島に生じた野島断層、熊本地震（2016 年）のときの日奈久断層と布田川断層、古くは濃尾地震（1891 年）のときの根尾谷断層など日本列島にはたくさんの地表地震断層があります。

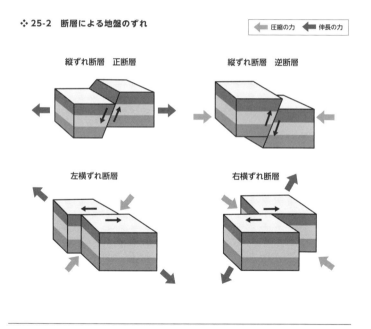

❖ 25-2　断層による地盤のずれ

← 圧縮の力　← 伸長の力

縦ずれ断層　正断層

縦ずれ断層　逆断層

左横ずれ断層

右横ずれ断層

これらの断層は、その後も同じ場所で何度もくり返し破壊され地震を起こすため、活断層となります。

　とくに大きな活断層として、九州から四国・紀伊半島を通って長野まで達する中央構造線、そして静岡（富士市）から新潟（糸魚川市）まで中部地方を縦断する糸魚川・静岡構造線があります。

　このようなとりわけ大きな活断層を**構造線**といいます。日本列島で活断層がもっとも密集しているのは近畿地方・中部地方で、2方向の活断層が交差するように分布しています*2。

●巨大地震のあとの誘発地震

　海洋プレートに押されて縮んでいた大陸プレートが、巨大なプレート境界型地震によるはね返りで海洋側に伸びることがあります。このときに、プレート境界型地震の震源域から遠く離れた陸上の活断層がずれ動いて発生する**誘発地震**があります。

　東北地方太平洋沖地震（2011年3月11日）の翌日（3月12日）に長野・新潟県境でM6.7（最大震度6強）、そして3月15日には静岡県東部でM6.4（最大震度6強）などの誘発地震が発生しました。これらの誘発地震は、プレート境界型地震の震源域で発生する余震と異なり、大陸プレートが東西方向に引き伸ばされたことで大陸プレート内部（内陸）の活断層が**正断層のずれ**を起こして発生したのです。

---

*2　また東北地方には南北方向、九州地方には東西方向の活断層がみられる。

26 世界の地震帯と記録に残る巨大地震

> 日本は世界でも有数の地震多発国ですが、太平洋を取り囲むように地震帯が帯状に連なり、日本以外でも地震がよく起こる地域があります。

●世界の地震帯

　世界のどこでも地震が起こるわけではなく、よく地震が起こる場所は限られています。地震がよく起こる地域は、環太平洋地域や地中海からヒマラヤにかけてと、インド洋や大西洋、アフリカ東部などの地震帯です。

❖ 26-1　地震の起こる場所（地震帯）はプレートの境界に集中している

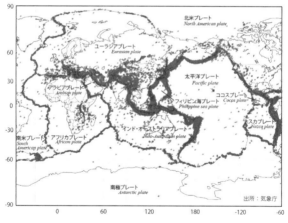

●2000年以降で最大の死者数はハイチ地震

次は、2000年以降の世界の地震災害（津波を含む）で死者が1万人以上のものです。

この中で、死者が多かったスマトラ島沖地震・津波では、被害のほとんどは津波によるものでした。

2004年12月26日7時58分ごろ、インドネシア・スマトラ島沖を震源とするマグニチュード9.1のプレート境界での巨大地震発生。地震の規模では、観測開始以来では1960年チリ地震（マグニチュード9.5）、1964年アラスカ地震（マグニチュード9.2）に次ぐエネルギーで、東北地方太平洋沖地震（マグニチュード9.0）の約1.4倍に相当するエネルギーでした。

地震発生後、津波がインド洋沿岸の広範囲を襲い、インドやアフリカ大陸でも甚大な被害がありました[1]。

❖ 26-2　2000年以降に発生した大規模な地震（死者1万人以上）

発生年	災害の種類	国名（地域名）	死者・行方不明者数（概算）
2001年	地震（インド西部地震）	インド	2万23人
2003年	地震（バム地震）	イラン	4万3200人
2004年	地震・津波（2004年スマトラ島沖地震）	インドネシア	22万7898人
2005年	地震（パキスタン地震）	パキスタン、インド	8万6000人以上
2008年	地震（四川大地震）	中国	6万9227人
2010年	地震（ハイチ地震）	ハイチ	31万6000人
2011年	地震・津波（東北地方太平洋沖地震）	日本	2万2000人以上

（「理科年表2020」参照）

---

[1] 筆者はこのときインドを旅していて、ニューデリーのホテルで「TSUNAMI」という見出しと写真の英字新聞を見て驚いた。

27 日本の記録に残る巨大地震

わが国で発生した地震で史上最悪の死者数を出したのは、大正時代の関東大地震です。首都が甚大な被害を受け、東京市（現在の23区に該当）では、一帯が焼け野原になりました。

●地震災害では何が起こるか？

大地震は、大地をゆり動かした結果、家屋などの建造物、橋や高架の道路を破壊。道路は地割れで引き裂かれ、寸断されます。

山地では山くずれや土石流が発生します。土石流は、あたかも山から下る津波のようなので「山津波」ともよばれ、その被害は甚大です。

埋立地など地下水を多量に含んだ砂が、地震でゆすられ流動的になって液体のようにふるまって、水や泥を噴出することがあります（液状化現象）。

地震が海底で起こると海底が上下に変動して津波が発生します。

さらに、ゆれによえる直接の被害のほかに火事などの二次災害の方がずっと大きいことがあります。

地震は1回ゆれて終わるのではなく、とくに大地震では必ずたくさんの余震が発生します。本震の震源域やその近くで起こる余震のほかに誘発地震が発生することもあります。余震

や誘発地震は、数年という単位で警戒を続けていく必要があります。

●最大震度は「7」

　ある場所で記録したゆれの大きさである震度は、1949 年 1 月の「気象庁震度階」改訂で、新たに 7 が導入され、7 が最大になりました。それまでの最大の震度 6 では地震の被害を適切に表現できないのではないかということからでした。

　震度 7 が最初に適用されたのが、1995 年の兵庫県南部地震(阪神・淡路大震災) です。以下は、震度 7 が適用後の震度 6 強と 7 の地震です[1]。

❖ 27-1　日本の震度ランキング

	名称	発生年月日	震度
1	兵庫県南部地震	1995 年 1 月 17 日	7
2	新潟県中越地震	2004 年 10 月 23 日(17 時 56 分)	7
3	新潟県中越地震	2004 年 10 月 23 日(18 時 11 分)	6 強
4	新潟県中越地震	2004 年 10 月 23 日(18 時 34 分)	6 強
5	東北地方太平洋沖地震	2011 年 3 月 11 日	7
6	熊本地震	2016 年 4 月 14 日・15 日・16 日	7・6 強・7
7	北海道胆振東部地震	2018 年 9 月 6 日	7
8	鳥取県西部地震	2000 年 10 月 6 日	6 強
9	宮城県北部地震	2003 年 7 月 26 日	6 強
10	能登半島地震	2007 年 3 月 25 日	6 強
11	新潟県中越沖地震	2007 年 7 月 16 日	6 強
12	岩手・宮城内陸地震	2008 年 6 月 14 日	6 強
13	茨城県沖地震[2]	2011 年 3 月 11 日	6 強
14	長野県北部地震[2]	2011 年 3 月 12 日	6 強
15	静岡県東部地震[2]	2011 年 3 月 15 日	6 強
16	宮城県沖地震[2]	2011 年 4 月 7 日	6 強
17	山形県沖地震	2019 年 6 月 18 日	6 強

[1]　2021 年 6 月現在。
[2]　東北地方太平洋沖地震の余震・誘発地震。

●史上最悪の死者数

大正時代に発生した**関東大震災**は、甚大な被害をもたらしました。1923 年 9 月 1 日 11 時 58 分 32 秒に発生した本震から 3 分後の 12 時 01 分にマグニチュード 7.2、その 2 分後の 12 時 03 分にマグニチュード 7.3 の巨大な余震が発生しました＊³。ちょうど昼食時であったこともあり、地震後に大火事になり、町一帯が焼け野原になりました。東京での死者約 6 万人のうち 90 ％近くが焼死者でした。

本震や余震の震源が広かったので、地震による土砂崩れや家屋の倒壊などの被害は千葉県および神奈川県でも大きく、津波も発生しました（津波の犠牲者は 200 ～ 300 人）。たとえば藤沢の江ノ島桟橋で約 50 人が行方不明になった記録があります。

関東大震災では火災と広大な被災地域以外にも強い余震が多かったという特徴があります。2003 年の研究によると本震と続けて巨大なゆれが続いて発生した「三つ子地震」のあとにも、12 時 48 分に東京湾を震源に M7.1、翌 9 月 2 日 11 時 46 分に千葉県津浦沖で M7.6、18 時 27 分に九十九里沖で M7.1 と、阪神・淡路大震災と同規模の **M7 の地震が合計 6 回も発生した**ことが判明しています。

関東大震災後に内務大臣に就任した後藤新平は、東京の復興のための「帝都復興院」を創設し、大改造プラン＊⁴を立てました。主要道路が拡幅され、防災を考慮した都市へと改造されました。

＊3　最大震度 7、最大マグニチュード 7.9。震源は神奈川県西部、死者・行方不明者は 10 万 5385 人におよんだ。

＊4　このプランは「大風呂敷」（現実の状況に釣り合わないような誇大なこと）とされ、のちに縮小されてすべては実行できなかった。

1995年1月17日に発生した大都市直下型地震である兵庫県南部地震（地震名）は、死者・行方不明者は6437人を数えました。これが、阪神・淡路大震災（災害名）です。

●観測史上初の震度7の大都市直下型地震

1995年1月17日5時46分、淡路島北部の深さ16kmを震源とするマグニチュード7.3の地震が発生。この地震により、神戸、西宮、芦屋、宝塚の兵庫県4市と淡路島で**観測史上初の震度7を記録**しました。

兵庫県南部地震は、戦後初の大都市直下型地震で、住宅約25万棟が全半壊し、負傷者は約4万4千人、犠牲者は6434人にのぼりました。

この地震は、内陸で発生した、いわゆる**直下型地震**です。とくに神戸市の被害は甚大で現代日本で初めて大都市が大地震に襲われました。

犠牲者数で、戦後の混乱がまだ続いていた1948年の福井地震による犠牲者数3769人を上まわり、1960年の伊勢湾台風による犠牲者5098人を上まわる、当時としては戦後最大の自然災害になりました。

なお、その後、この被害をさらに上まわったのは、2011年の東北地方太平洋沖地震（東日本大震災）です。

❖ 28-1　横倒しになった阪神高速（神戸市東灘区）

haruyoshi yamaguchi / PIXTA（ピクスタ）

●犠牲者の死因

　この地震の強いゆれで、高速道路、山陽新幹線の高架橋、ビルのような鉄筋の建物など、十分な耐震性をもつと思われていた建造物が数多く倒壊してしまいました。

　住家については、全壊が約10万5千棟、半壊が約14万4千棟にものぼりました。

　火災も起こりましたが、東京での犠牲者6万人あまりのうち90％近くが焼死者だった関東大震災（1923年）のような事態は避けられました。

　地震発生は真冬の早朝だったため、多くの人が寝ている時間でした。強いゆれで倒れ始めた家屋から機敏に逃げること

108

ができた人たちは助かりましたが、逃げ遅れた人たちは倒壊した家屋の下敷きになりました。死因の77％は倒壊した建物による**圧死**でした。

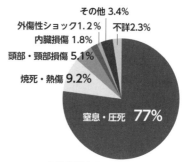

❖ 28-2　阪神・淡路大震災における死因

その他 3.4%
外傷性ショック 1.2%　不詳 2.3%
内臓損傷 1.8%
頭部・頸部損傷 5.1%
焼死・熱傷 9.2%
窒息・圧死　**77%**

(厚生統計協会「国民衛生の動向」1996年)

●**耐震基準の強化**

　建築物の敷地・設備・構造・用途についてその最低の基準を定めた法律として建築基準法があります。建築基準法は1981年と2000年に大きく2回改正されていますが、とくに1978年に発生した宮城県沖地震を受けて、1981年に建物の耐震性を強める大改正を行いました。

　たとえば、軟弱な地盤では鉄筋コンクリートの基礎を使うことと、1950年の建築基準法で定めていた耐力壁の量を約2倍に増やすことなどでした。ですから、1981年以前の耐震基準を「旧耐震」、それ以降の基準を「新耐震」と区別するようになっています。

　この地震で、旧耐震の建物か新耐震の建物かで被災状況が異なっていて、**旧耐震の建物で古いものほど被害が大きかった**のです＊1。

＊1　阪神・淡路大震災を受けて、2000年5月に建築基準法の耐震基準がさらに強化され、現行耐震基準となっている。『58・建物の耐震基準と耐震化の対策』(p.216) 参照。

地震災害の実例：「東北地方太平洋沖地震」

2011年3月11日14時46分ごろに発生した東北地方太平洋沖
地震およびそれにともなう原発事故による災害を東日本大震災
といいます。国内観測史上最大規模の地震でした。

●千年ぶりの巨大地震・巨大津波

2011年3月11日、東日本を巨大地震と巨大津波が襲いまし
た。震源は、三陸沖の宮城県牡鹿半島の東南東130 km付近で、
深さは約24 kmとされています。震源域はとても広く、日本
海溝に沿った南北約500 km、東西約200 kmの東北地方から
関東地方にまで至る範囲です。

❖ 29-1　東日本大震災の震源域（概略）

マグニチュード9.0はわが国観測史上で最大であり、最近100年間に世界で起きた地震をみても、1960年のチリ地震（M9.5）、1964年のアラスカ地震（M9.2）、2004年のスマトラ島沖地震（M9.1）に次ぐ4番めのものです。

宮城県北部の栗原市で最大震度7が観測されたほか、宮城県、福島県、茨城県、栃木県などでは震度6強を観測。北海道から九州地方にかけて、震度6弱から震度1のゆれが観測されました。

わが国で震度7が観測されたのは、1995年の兵庫県南部地震（M7.3）、2004年の新潟県中越地震（M6.8）に次いで3度目です。

犠牲者1万5899人と行方不明者2526人（合計1万8425人）[1]は、自然災害としてそれまでの戦後最大の犠牲者数だった兵庫県南部地震（1995年）の6434人を大幅に上まわりました[2]。

全壊建物は12万4684棟、半壊建物は27万5077棟でした。

●巨大な津波が発生

この地震では、岩手、宮城、福島県を中心とした太平洋沿岸部を巨大な津波が襲いました。

各地を襲った津波の高さは、福島県相馬では9.3m以上、岩手県宮古で8.5m以上、大船渡で8.0m以上、宮城県石巻市鮎川で7.6m以上などが観測（気象庁検潮所）されたほか、宮城県女川漁港で14.8mの津波痕跡も確認（港湾空港技術研究所）

---

[1]　2021年3月10日現在。警察庁発表。なお復興庁は、震災関連死を含めた犠牲者は2万2千人以上としている。

[2]　日本の歴史上、この犠牲者数を上まわるのは、明治三陸地震津波（1896年）の2万1959人と、明応地震（1498年）と関東地震（関東大震災、1923年）の約10万5千人のみ。

されています。

　また、遡上高（陸地の斜面を駆け上がった津波の高さ）では、全国
津波合同調査グループによると、大船渡市綾里湾で国内観測
史上最大となる40.1mが観測されました。これはビル数十階
分の高さに相当します[3]。

●多数の「余震」

　その後も強いゆれをともなう余震が多数観測されました。

　これまでに発生した余震は、最大震度6強が2回、最大震度
6弱が3回、最大震度5強が17回、最大震度5弱が51回、最
大震度4が327回（2019年3月1日現在）でした[4]。

●津波の死者で圧倒的に多かったのは高齢者

東日本大震災で岩
手、宮城、福島3県警
は、2011年4月11日
までに年齢を確認した
死者1万1108人のうち、
65.2％が60歳以上だっ
たことがわかりました
（警察庁まとめ）。

　3県の沿岸の自治体

❖ 29-2　被災3県（岩手、宮城、福島）の死者
　　　　年齢別内訳

60歳以上
65.2%

10歳未満 3.5%
10代 3.0%
20代 3.6%
30代 5.7%
40代 7.1%
80歳以上 22.1%
70代 24.0%
60代 19.1%
50代 11.9%

（年齢判明分対象。
警察庁まとめ）

＊3　それまで明治以降では、明治三陸地震津波（1896年）の遡上高38.2mが最大だった。
＊4　2021年4月1日から、気象庁は東日本大震災について「余震」という表現を使うこと
　　を止めた。理由は、大きな地震は起きないという印象を与えかねない表現で防災意識の
　　低下を防ぐため。

の老齢者の人口比率を大きく超す高い割合となっています。

　死因の92.5％が「溺死」でした。警察庁は死者の多くが「津波が原因」とみています。自宅にいることが多い高齢者を津波が一気に襲い、逃げ遅れたという津波被害の特徴が浮き彫りになりました。

●首都圏で交通機関不通、計画停電の実施

　震度5強が観測された首都圏では、交通機関が不通となったため、大量の帰宅困難者が発生しました＊5。また、水道、電気、ガスといったライフラインが一時ストップする被害が生じました。

　東京電力の管内では、2011年3月14日から28日にかけて計画停電を行いました。

●震災関連死

　震災から3カ月を超えた時点で、12万5千人近くの方々が避難生活を送りました。津波による自宅被害、東京電力福島第一原子力発電所からの放射性物質の外部拡散による避難です。

　避難生活による体調悪化、自殺などの「震災関連死」は、復興庁のまとめによると、震災発生から2018年9月末までに、全国で3701人にのぼります。年齢別ではおよそ9割が66歳以上の高齢者です。

＊5　徒歩で帰宅を試みる人々で歩道は大混雑。また、帰宅できなかった多くの人々が勤務先や駅周辺、あるいは都が開設した一時収容施設等で一夜を明かした。

30 地震災害の例：「熊本地震」

2016 年 4 月 14 日 21 時 26 分に熊本県熊本地方を震源とするマグニチュード 6.5、最大震度 7 の地震が発生しました。前震・本震・余震で犠牲者 276 人、全壊棟数 8900 棟近くにのぼります[1]。

●発生から 5 日間で有感地震 2 千回

2016 年 4 月 14 日に熊本県熊本地方を震源とするマグニチュード 6.5、最大震度 7 の地震が発生しました（前震）。前震の震源の深さは 11 km でした。

その後 4 月 16 日 1 時 25 分に同地域を震源とするマグニチュード 7.3、最大震度 7 の地震が発生しました（本震）。本震の震源の深さは 12 km でした。

2 度の震度 7 に加え、熊本県および大分県を中心として、3 日間で震度 5 を 5 回記録したほか、過去の直下型地震と比較しても長期にわたって規模の大きな余震が頻発したことが特徴でした。なかでも発生から 5 日間での有感地震は 2 千回に達しました。

熊本地震の特徴

・震度 7 の地震が立て続けに 2 回発生（観測史上初）

・震度 7 を記録した地震は 2 回とも夜間発生

・一連の地震で震度 6 弱以上の地震が 7 回発生（観測史上初）

---

[1] 消防庁 2019 年 4 月 12 日。

・余震の発生回数（累計）は 4364 回* 2

・陸域の浅い地震であった

　この地震は、余震が多いことに加えて、地震活動の場が広がっていったことも特徴です。本震以降、熊本県熊本地方の北東側に位置する阿蘇地方から大分県西部にかけての地域と、大分県中部地域においても地震が相次ぎ、熊本地方と合わせて三地域で活発な地震活動がみられました。阿蘇地方には、今まで活断層の存在は知られていませんでした。

●地震で助かっても「震災関連死」で亡くなる場合も

　犠牲者は 276 人で、その 8 割は**震災関連死**でした。被災後の疲労やストレス、エコノミー症候群（急性肺血栓塞栓症）などで病気を発症し、亡くなりました。

震災関連死の具体例

・避難中の車内で 74 歳女性が、疲労による心疾患で死亡

・78 歳男性が、地震後の疲労等による心不全で死亡

・83 歳女性が慣れない避難所生活から肺炎状態となり、入院先の病院で死亡

・32 歳男性が、地震による疲労が原因と思われる交通事故で死亡

・43 歳女性が、エコノミー症候群の疑いで死亡

・88 歳男性が地震による栄養障害および持病の悪化等により死亡

＊2　気象庁 2017 年 7 月 31 日現在。2004 年の新潟県中越地震を上まわった。

●日本列島はどこでも大地震が起こりうる

本震は布田川断層帯で起きましたが、政府の地質調査研究推進本部の活断層評価では、その断層帯で起きる最大の地震はマグニチュード7.0～7.2程度、今後30年以内にそのような地震が起こる確率は0～0.9％、あるいは不明としていました。この地震の前震や余震で動いたと考えられる断層帯についても確率不明でした。

つまり、今後30年以内に大地震が起こる確率が低くても、日本列島のどこでも、大地震が起こりうる可能性があることが示されたといえるでしょう。

❖ 30-1　熊本地震と断層

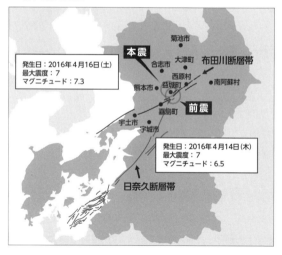

31

緊急地震速報のしくみはどうなっている？

> 強いゆれを事前に知らせてくれるシステム「緊急地震速報」。ただし、いろいろな問題点もはらんでいます。そのしくみを理解して、このシステムの限界や注意点も知っておきましょう。

●緊急地震速報の歴史

　東海地震の発生が予想され始めた 1960 年代ごろから、前兆現象などによって震源の場所や発生時期を予知しようという地震予知研究が、国をあげて盛んに行われました。しかし、予想された東海地震が発生しない中で、まったく無警戒だった近畿地方に兵庫県南部地震（1995 年）が発生し、現代科学では有効な地震予知が難しいことがわかりました。

　その代わりとして、地震が発生してから強いゆれが人の居場所に到達するまでの間に警報（緊急地震速報）を出し、わずか数秒ではあるが強いゆれに対して準備する時間的猶予を与えようという計画が本格化しました。やがて、こうしたシステムに欠かせない高感度地震計が日本全国 1 千カ所以上に整備され、数年間の試験運用を経たあと、2007 年 10 月から本システムの本格運用がスタートしました。

●緊急地震速報のしくみ

　典型的な地震の場合、最初にトントントンと地下から突き

上げるような小刻みな上下動があり、その後にグラグラッ（あるいはユッサユッサ）と大きな横ゆれを感じます。この最初の小刻みな上下動を「**初期微動**」、あとの大きな横ゆれを「**主要動**」といいます。地震はなぜこうした順で発生するのでしょうか。

　地下の断層が急激にずれ動くと、進行方向と振動方向が平行な縦波（疎密波）と、進行方向と振動方向が垂直な横波（ねじれ波）の、2種類の地震波が同時に発生して周囲に伝わります。

　このときの伝わる速さは、縦波（秒速5〜7km）の方が横波（秒速3〜4km）よりも速いので、地表に設置した地震計には縦波の方が先に届き、そのあとに横波が届くことになります。

　そこで、地震で生じた縦波を「最初に届く波（primary wave）」という意味の**P波**、横波を「2番目に届く波（secondary wave）」という意味の**S波**とよんでいます。最初に届くP波だけの時間帯のゆれが初期微動であり、S波が届くと本格的なゆれである主要動になります。

❖ 31-1　P波とS波

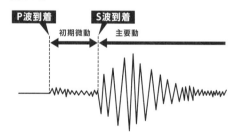

緊急地震速報は、地震波よりも通信（秒速30万km）の方が速く伝わる性質を利用したものです。

最初に震源に近い地震計がP波を捉え、そのデータが通信網を使って気象庁のコンピューターに送られます。

❖ 31-2　緊急地震速報のしくみ

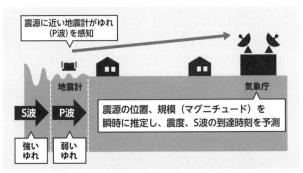

震源に近い地震計がゆれ（P波）を感知

地震計

気象庁

S波　P波

震源の位置、規模（マグニチュード）を瞬時に推定し、震度、S波の到達時刻を予測

強い
ゆれ

弱い
ゆれ

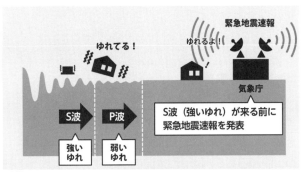

ゆれてる！

緊急地震速報

ゆれるよ！

気象庁

S波　P波

S波（強いゆれ）が来る前に緊急地震速報を発表

強い
ゆれ

弱い
ゆれ

速度　S波：秒速4km　　速度　P波：秒速7km

そこでマグニチュードや震源の位置を推定し、そのデータから各予想地点の震度が推定されます。震度5弱以上の地域がありそうな地震のときに限り、通信網を使って震度4以上の地域の名称がすべて発表されます。

しかし、こうしたP波（初期微動）だけによる解析の手法は、震源断層中の1点である震源からのデータしか得られていないため、巨大地震のように数百kmにもおよぶ震源断層がずれ動いた場合、震源断層がすぐ近くの足もとまで伸びていることもあり、予想震度を過小に発表してしまうことがありました。

こうした不具合を解消するために開発されたのが「PLUM法*1」です。これは、予想地点付近の地震計のデータからも震度を予想するものです。

現在では従来手法とPLUM法の両手法で予想震度を比較し、大きい方の予想を発表するハイブリッド方式が採用されています。

● 緊急地震速報の限界

緊急地震速報は地震が発生してから通知するものなので、地震が発生する前に予知するのと違い、猶予時間は数秒から長くても数十秒と短いです。

また、震源から居場所までの距離が遠いほど猶予時間が長くなりますが、震源の遠い地震はそもそもゆれが減衰して弱く

---

*1 Propagation of Local Undamped Motion の略。「予想地点の付近の地震計で強いゆれが観測されたら、その予想地点でも同じように強くゆれる」という考えをもとにした予想手法のこと。

なるので警報は必要ないことが多いです。逆に震源から居場所までの距離が近い地震はゆれが強いので警報はありがたいですが、警報が出てから強いゆれが始まるまでの猶予時間が極端に短かったり、場所によっては間に合いません。東北地方太平洋沖地震のような海溝型地震では震源が100 km以上沖合なのでとても有効ですが、兵庫県南部地震のような内陸型（直下型）地震では間に合わないのです。

✥ 31-3　緊急地震速報の限界

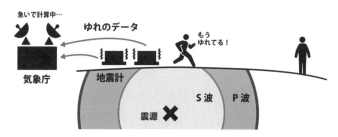

震源に近い場所では緊急地震速報が強いゆれの到達に間に合わない

このほかにも、速報性を重視するあまり、発生直後の少ない情報で予想を発表するので、ある程度の確率で誤差や誤報が生じてしまう問題もあります。

　ですから、こうしたシステムはあくまで補助的なものと考え、肝心なのはやはり「日ごろの心構え」と「備え」ということになります。

32

本震と余震の違いって何？

余震は大地震で傷ついたインフラにさらなるダメージを与える
だけでなく、大地震に遭遇して恐怖を経験した人々の心をおび
やかし続けます。余震はなぜ発生し、いつまで続くのでしょうか。

●余震のメカニズムとその性質

　地震は岩盤の割れ目である断層が急激にずれ動くことで、岩
盤にたまった歪みが解放される現象です。

　震源の浅い大地震が発生すると、多くの場合、その地震が発
生した場所の周辺で、それより小さい地震が多数発生します。
ふつうの地震は1回で終了しますが、大地震ではずれ動く断
層が巨大なので、1回の地震だけでは歪みを完全に解放しきれ
なかったり、逆に巨大な断層運動が新たな歪みを生じさせた
りします。すると、しばらくしてから断層内のずれ残った場
所や新たな歪みが生じた場所で小規模なずれが起こるのです。

　このとき、最初に発生した大きなずれを「**本震**」、その後の
小規模なずれを「**余震**」とよんでいます。

　余震の多くは本震の震源域、つまり本震を起こした断層の中
で発生しています。とくに本震の直後（数時間～1日程度）の余
震の分布は、本震の震源域とよく一致しているので、本震を
起こした断層（震源断層）を推定するのにも役立ちます。

●本震が大きいほど余震は多く発生する

余震の日々の発生数は本震の直後にもっとも多く、時間とともに減少していきます。その減り方は「改良大森公式」という経験式に則り、ある程度規則的に減少します。大まかな目安で、2日後ならおよそ2分の1、10日後なら10分の1、100日後ならおよそ100分の1になります[*1]。

余震の総発生数は、本震のマグニチュードが大きいほど多くなります。よって、余震が収まるまでの期間も本震のマグニチュードが大きいほど長くなります。

余震はごく小さいものも含めると本震発生から100年以上続くこともあり、現在でも1891年の濃尾地震[*2]の余震と思われる地震が観測されています。ですが、大まかな目安を示すと、M7程度の大地震で「数日から数カ月」、M8以上の巨大地震では「数年〜数十年」程度です。

また、余震はマグニチュードの小さな余震がほとんどで、大きな余震は少ないという法則があり、最大余震でも本震より1程度小さいのがふつうなので、必要以上に恐れる必要はないかもしれません。

しかし、余震も震源が近ければ震度はそれなりに大きくなります。また、極めてまれですが、熊本地震のように（本震と思っていた）最初の大きな地震よりもあとで発生した地震の規模の方が大きかった例もありました。

さらに、「群発地震」のように、ある地域で地震が多発する

---

*1　本震があった日の余震の数から日数分の1（1÷本震からの日数）の割合で減る。

*2　M8.0の日本史上最大の内陸地殻内地震（直下型地震）。震源は岐阜県本巣郡西根尾村（現・本巣市）で、1891年10月28日6時38分に発生した。

ものの「本震－余震型」の法則にあてはまらない地震もあるので、注意が必要です。

●余震の影響と注意点

建物が本震でダメージを受けたあとに大きな余震が発生すると、それがだめ押しとなって家屋が倒壊することがあるので、大地震が発生したあとは「余震がある」との前提で行動することが重要です。また、本震で恐怖を体験すると、余震のたびにその恐怖感がよみがえるので、不眠やストレスに悩まされることもあります。

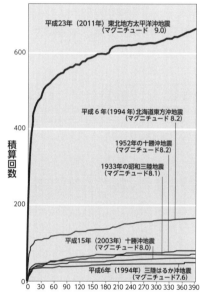

❖ 32-1 　本震を含む余震回数の比較
（マグニチュード5.0以上）

平成23年（2011年）東北地方太平洋沖地震
（マグニチュード　9.0）

平成6年（1994年）北海道東方沖地震
（マグニチュード8.2）

1952年の十勝沖地震
（マグニチュード8.2）

1933年の昭和三陸地震
（マグニチュード8.1）

平成15年（2003年）十勝沖地震
（マグニチュード8.0）

平成6年（1994年）三陸はるか沖地震
（マグニチュード7.6）

積算回数

600

400

200

0

0　30　60　90　120　150　180　210　240　270　300　330　360　390

本震からの経過日数（日）

●余震の発表形式を変えた熊本地震

最大余震は、ふつう本震より M1 程度以上小さいことがほとんどでした。そこで、2016 年の熊本で本震と思われる地震

（M6.5、最大震度7）が発生した際、気象庁はいつも通り「今後3日間に震度○以上の余震が起きる可能性は20％」と発表しました。しかし、予想に反し、約28時間後にM7.3、最大震度7の地震が発生し、大きな被害が出ました。

その一因は、「余震」という用語が本震よりも小さいイメージを持つことと、「20％」という確率が一般社会の感覚から「確率が低い」と受けとられたことで、市民に油断が生じたことでした。そのため最初のM6.5の地震でダメージを受けた建物に住民が戻ってしまい、次のM7.3の地震で倒壊するなどして被害が拡大しました。

このことを教訓に、気象庁では大地震発生後の**「余震」と「余震確率」の表現を廃止**し、代わりに「本震と同程度の規模の**地震**が起こる可能性を想定した警戒」をよびかけるようになりました。

また、その確率に関しては、「震度○以上となる地震が発生する確率は平時の30倍」などと公表するように見直されました。

❖ 32-2　地震活動の見通しに関する注意喚起の例

従　来

【発生翌日】
「今後3日間の余震発生確率20%」

↓

新方式

【発生から1週間以内】
「最初の地震と同規模の地震に注意」

【1週間以降】
「震度6弱以上の地震の発生確率は平常時の30倍。最初の地震後3日間と比べれば3分の1になった」

> 多くの犠牲者が出る巨大地震も、その発生があらかじめわかっていれば、どれだけ安心かわかりません。長年続いている地震予知の研究はどの程度進んでいるのでしょうか。

●地震予知の手法は「ない」

　地震予知が、「いつ、どこで、どのくらいの地震が発生するか」を警報につながるような確度の高い予測として発表するものとするならば、少なくとも、現時点で実用化のレベルに達しているとはいえません。日本地震学会はホームページの「地震に関するFAQ」で、「現時点で地震予知を行うのは非常に困難で（中略）科学的に確立された地震予知手法はまだないという立場」としています＊1。

●地震予知が難しい理由

　地震予知が難しいのは、そもそも事例が少なく、必要なだけのデータが収集できていないからです。地震予知の対象となるような大地震は、同じ場所では滅多に起こりません。また、周期性のある海溝型地震でも短くて数十年に1回、内陸（活断層）型地震なら数百年〜数千年に1回なので、必要十分なデータを集めることができていないのです。

　もうひとつは、地震の発生に影響を与える要素が、あまりに

＊1 「ただし、将来的に地震予知はできないとの意見を表明しているものではありません」としてる。

も多様だからです。地震はプレート運動により岩盤に歪みがたまり、その歪みを解消するために、ふだん固着している断層面や新たに生じた破断（断層）面が一気にずれ動く現象です。この「一気にずれ動く現象（＝地震）」の発生場所と時刻を見極めるためには、ふだん固着している断層面の圧着度やすべり係数、あるいは破断面が生じる岩盤の強度、そして断層面や破断面付近の岩盤に働いている力の方向や強さを正確に知ることが必要ですが、現在の観測技術では計測不可能なのです。

●注目された「異常現象」

　そこで注目されたのが、地震が起きる前に決まって起きる異常現象を捕まえて、予知につなげる方法です。地震の直前に「ナマズが暴れた」「井戸水がかれた」等、古くから巨大地震の前の異常現象は数多く報告されています。加えて、近代的な観測機器を使って人間の感覚では知りえない異常現象も研究対象に加えれば、何かしら巨大地震の前に必ず起きる現象、いわゆる「前兆現象」を見つけることができるのではないかと考えたのです。

　実は1960年代から最近まで、日本は国家プロジェクトとしてこれを推進しました。その結果、異常現象は数多く見つかりました。ところがそのどれもが地震の前に必ず起きるわけではなく、前兆現象としては使えないものばかりでした。

　こうしたことから、日本政府も支援の軸足を「予知できるこ

とを前提にした地震研究」から「予知なしで地震が発生すること想定した防災・減災対策」に移しました。

●「地震予測」と「緊急地震速報」

「地震予知」は難しいですが、「**地震予測**」は政府機関である地震調査研究推進本部（地震本部）から発表されています。

地震予測とは、それぞれの地域の危険度を確率で表したものです。これは周期的に起きることがわかっている地震や活断層の危険性（切迫度）についての評価と、地域ごとの地盤の強さについての評価を組み合わせたもので、各地の「今後30年間に震度6弱以上のゆれにみまわれる確率」や「特定の震源断層がずれたときのゆれの強さ」を地図に色分けして示しています（次ページPick Up参照）。

こうした地図が示す数値（確率）をどう評価したらいいかわかりにくいところがありますが、地域防災対策や損害保険の料率算定、社会インフラ耐震化事業の優先度の検討などに活用されています。

もうひとつ、日本では地震による強いゆれが始まる数秒から数十秒前に通知してくれる「**緊急地震速報**＊²」があります。これは地震が起きてから働くシステムなので予知ではありません。ゆれに備えることができる時間もわずかしかないので、できることも限られますが、命を守ることには有効だと考えられています。

＊2　『31・緊急地震速報のしくみはどうなっている？』(p.117) 参照。

❖ 33-1　今後 30 年以内に震度 6 弱以上の地震が起こる確率

地点	確率	増減	地点	確率	増減	地点	確率	増減
水戸市	81	-	宮崎市	43	▲1	鳥取市	9.3	2.9
徳島市	75	2	横浜市	38	▲13	佐賀市	9.2	1
高知市	75	-	甲府市	36	▲14	仙台市	7.6	1.5
静岡市	70	-	大阪市	30	▲25	金沢市	6.6	▲0.1
和歌山市	68	10	岐阜市	28	-	前橋市	6.4	▲0.8
津市	64	-	広島市	24	1	盛岡市	6.3	1.7
高松市	64	1	那覇市	21	1	山口市	6.3	0.4
千葉市	62	▲23	鹿児島市	18	-	福岡市	6.2	▲2
奈良市	62	1	新潟市	15	2	長野市	6.1	0.4
さいたま市	60	5	福井市	15	2	富山市	5.2	-
大分市	55	1	京都市	15	2	青森市	5	▲0.7
東京	47	▲1	宇都宮市	13	▲1	松江市	4.9	1.2
名古屋市	46	-	大津市	13	2	山形市	4.2	0.4
神戸市	46	2	熊本市	11	3.3	長崎市	3	0.4
松山市	46	1	秋田市	10	1.9	札幌市	2.2	0.6
岡山市	44	2	福島市	9.3	2.2			

（注）確率順。確率の単位は%、増減 18 年版からの差で単位はポイント、▲はマイナス、- は変化なし。
　　　東京都は都庁、各市は市役所所在地での確率
（出所）地震調査委員会の資料を基に作成

（日本経済新聞 2021 年 3 月 27 日）

- (Pick Up) -

https://www.j-shis.bosai.go.jp/map/

34 「地震雲」って本当にあるの？

> ふだん見たことがない特異な雲があると、「何か天変地異の前兆では？」と不安になるものです。大地震の前にあらわれるといわれている「地震雲」の真偽について考えます。

●地震雲とは

地震雲とは大きな地震の前後に出現するといわれる特異な雲のことです。その特徴は「低高度に発生する」「風に流されない（流されにくい）」「長時間形を変えない（消えない）」といったもので、形態は竜巻状、放射状、波紋状、筋（線）状などと、さまざまなものが報告されています。

竜巻状、放射状の地震雲は、その収束する点の真下に震央があり、すじ状（線状）の地震雲はその筋（線）が震源断層に沿っている、とされることが多いようです。

●地震雲が発生するメカニズム

ふつうの雲は水蒸気を含んだ空気が上昇して冷やされ、凝結して細かい水滴になったものです。このように水蒸気が空気中で凝結するためには、空気中に「**凝結核**」とよばれる固体微粒子（大気中のちりやほこり）が必要です。地震雲の存在を主張する人たちは、地震が起きる直前の震源付近で、この凝結核が生じていると考えている場合が多いようです。

たとえば、地震の発生前には断層周辺に大きな圧力がかかりますが、岩石の中には圧力を加えると電磁波や磁場を発生させたり、地電流とよばれる電流が発生するものがあります。こうした電磁波の放射や磁場変化が地上におよぶと気体分子がイオン化され、それが凝結核となって地震雲がつくられるわけです。

●地震雲の真偽

　地震雲は、それが絶対に存在しないことを証明する研究報告があるわけではないので、雲と地震の関係は皆無であると断言はできません。しかし、地震研究者および気象研究者たちは、基本的に地震の発生と雲の形に相関関係はないと考えており、少なくとも地震の予知に使えるような前兆現象としての「地震雲」は存在しないとしています。

　その理由のひとつは、地下深くで電磁波が発生したとしても、地表に伝わるしくみを十分に説明した学説はなく、さらに、地表に電磁波が伝わったとしても、その電磁波によって地震雲が生じるしくみも十分に検証されていないからです。発生するメカニズムに、まだあいまいな点が多いのです。

　発生するメカニズムが不明でも、ある定義に沿った雲と大地震との対応例が多数報告されていれば、経験的あるいは統計的にその「震」を地震の前兆と捉えることが可能になります。しかし、実際に「地震雲」として報告されている雲の形状や

あらわれ方は、あいまいかつ多様で、統計的な検討は困難な状況です。

　また、前述した「震央と地震雲の位置関係」も、のちに発表された震央の位置と雲が見えた方角が似通っていると、つい、そう解釈しがちですが、地上から見た雲の距離感や位置の認識は非常にあいまいです。

　そもそも、実際に報告されている地震雲のほとんどが、飛行機雲や巻雲・巻積雲や層積雲といった通常の雲の少し特殊な変異型として説明することができます。

　こうしたことから、地震が原因で生じる雲が仮に存在したとしても、**前兆現象として利用できる「地震雲」はない**のが現状なのです。

❖ 34-1　いろいろある雲の種類

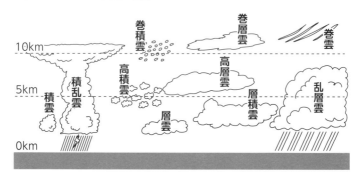

35 液状化現象はどうして起こるの？

液状化現象が起こると、硬いはずの地面がまるで液体のように
なってしまいます。どんな被害が出て、どんなしくみで起こって、
危険な場所はどんなところかを知っておきましょう。

●液状化現象と噴砂

　地震によってゆすられた地面が、まるで液体のようにふるまう
のが**液状化現象**です。

　液状化した地面は、その上にある建物や橋など、構造物を支
えることができなくなります。そのため、建物が、自分の重
さで地面に沈んだり、傾いたり、倒れたりします。また、地
下に埋めてあるガス・上下水道・電気・通信などの埋設管が
動いて浮上したり、破損することがあります[*1]。

　こうしたときによく見られるのが**噴砂**とよばれる現象です。
液状化した地面から砂の混じった地下水が噴出する現象で、地
中から砂が流出すると、その下の地面の中は空洞になり、地
盤の沈下が起こります。

●液状化した地面で起こっていること

　液状化の発生から終わりまでで、地面がどうなるのかを図を
もとに説明します。

[*1] ほかにも、マンホールは空洞があって軽いため地上へ突き出してきたり、路面が波打っ
たように変形したりする。

第2章／ゆれる！地震大国　133

❖ 35-1　地震前

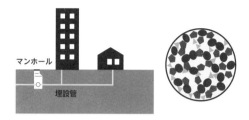

　砂と砂の間に隙間があって水分が多い、軟らかく堆積した地盤が、強い地震でゆすられると、砂粒が水の中に浮いてしまったような状態になります。これが液状化の始まりです。

❖ 35-2　地震発生

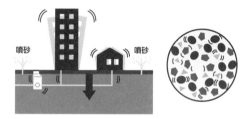

　今までゆるくかみ合っていた砂粒どうしの支え合いがはずれてしまったので、砂粒の層が支えていた、建物や表土などを、砂混じりの水が支えることになります。地表面から押され、圧力がかかった砂粒を含んだ水は、水鉄砲のように地面の弱いところから噴き出します。これが先に説明した噴砂です。

❖ 35-3　液状化後

　自由に動けるようになった砂粒は重いのでだんだん沈んで水と分かれていきます。重いものが下に、軽いものが上に移動すると液状化は終わります。液状化はゆっくりと進むので、地震のゆれが収まっても、長いときには数十分以上続きます。

　液状化のあとは前よりもしっかりと詰まった地盤になります。

●液状化が起こりやすい場所と発生条件

　液状化現象が起こりやすい場所は軟らかい砂地の地盤で地下水位が高い場所です。海岸近くの埋立地や干拓地、昔は川や湖だったところを埋めた場所も注意が必要です。

　近年被害が目立っているのは、意外にも高台の住宅地です。土地を宅地化する際に、高台のより高いところを削って、間にある谷や沢を埋め立てて全体を広く平らに造成している場合があるためです。もとから高かった場所は安全ですが、**谷や沢だったところは注意が必要**です＊2。

＊2　このような条件の場所で、だいたい震度が5以上の地震や、これより震度が小さくても、地震のゆれの継続時間が長い場合は、液状化が起こる可能性がある。

36 南海トラフ地震が起きたらどうなる?

南海トラフの陸域も含む東部地域で発生する大きな地震をいわゆる「東海地震」といい、観測・警戒が続けられてきました。2017年11月以降は南海トラフ地震に一本化されました。

●東海地震とは

駿河湾から静岡県の内陸部を震源域とするマグニチュード8クラスの地震をいわゆる**東海地震**といいます。

この地域は、1854年の安政東海地震から現在までのおよそ170年間大きな地震が発生していない空白域であること、地盤の測量結果からこの地域の地盤には変位が認められ、歪みの蓄積が考えられることなどから、東海地震はいつ起きてもおかしくないと考えられています。

●南海トラフにおける地震

静岡県の駿河湾から九州の日向灘まで続く南海トラフでは、フィリピン海プレートがユーラシアプレート（アムールプレート）の下に沈み込み、プレート境界型の巨大な（M8クラス）地震が、100～200年周期で発生しています。

古文書などにより過去の南海トラフ地震を調べると、南海トラフには震源域が3つあり、それぞれ東海地震、**東南海地震**、そして**南海地震**といいます。3つの地震の連動パターンはさま

ざまで、3つの地震が数年の時間差で発生することもあります。

　南海トラフの3つの震源域は連動があること、最近の南海地震や東南海地震から70年以上が過ぎていることなどから、もはや東海地震だけに備えればよいという状況ではないのです。

✣ 36-1　有史時代の南海トラフでの地震

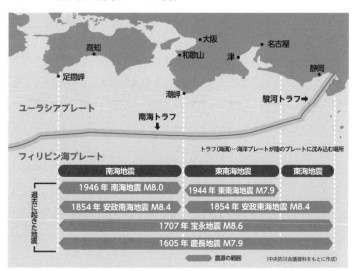

（中央防災会議資料をもとに作成）

● 南海トラフで巨大地震が発生したら

　南海トラフに沿うように太平洋沿岸には、主要都市や工業地帯が連なります。

もし、南海トラフの3つの震源域が連動して巨大地震が発生したら、日本全土に多大な影響がおよぶことになります。

　もちろんこれは、3つの震源域の連動のしかたによって変わります。大きな被害は、同時でなく、連続または間隔を空けての連動によって生じると考えられています。

南海トラフ地震の被害想定（内閣府中央防災会議、2012年8月）[1]

- 想 定 地 震 ： Ｍ9.1（3つの震源域が連動）
- 震度5強以上： 531市町村（日本の全人口の26％が居住）
- 津　　　波 ： 15〜20ｍ（3つの震源域＋津波地震が連動）
- 想定最大波高： 34ｍ（高知県）、25ｍ（三重・静岡・徳島県）
- 死 者 数 ： 32万3000人
- 全 壊 家 屋 ： 62万7000棟
- 経 済 的 被 害 ： 53〜82兆円

❖ 36-2　地震の被害が最大になるケースと東北地方太平洋沖地震との比較

	マグニチュード	浸水面積	浸水域内人口	死者・行方不明者
東北地方太平洋沖地震	9.0	561 km²	約62万人	約18,800人
南海トラフ巨大地震	9.1	1,015 km²	約163万人	約323,000人
倍率		約1.8倍	約2.6倍	約17倍

＊1　内閣府中央防災会議『南海トラフ巨大地震の被害想定について』（2012年8月）。
http://www.bousai.go.jp/jishin/nankai/taisaku/pdf/20120829_higai.pdf

37 首都直下型地震が起きたらどうなる？

> 大都市の地下にある活断層で直下型地震が発生すると、その災
> 害は地盤のゆれによる被害だけにとどまりません。被害は広域
> に、長期間にわたるものとなります。

●首都圏の直下型地震

　関東平野の地下では、北アメリカプレート（オホーツクプレー
ト）と太平洋プレート、そしてフィリピン海プレートが重なり
接しています。そのため、関東平野の直下型地震はいろいろ
な場所を震源にして発生する可能性があります。

❖ 37-1　首都直下地震の震源

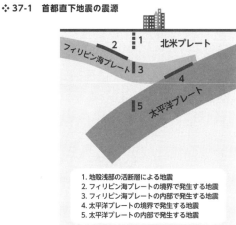

1. 地殻浅部の活断層による地震
2. フィリピン海プレートの境界で発生する地震
3. フィリピン海プレートの内部で発生する地震
4. 太平洋プレートの境界で発生する地震
5. 太平洋プレートの内部で発生する地震

(参照：防災科学技術研究所)

●想定される首都直下地震と被害

　いわゆる「**首都直下地震**」は、政府の地震調査委員会が今後
30 年以内に 70 ％の確率で起きると予測している、マグニチュー
ド 7 程度の大地震です。震源がどこになるかで被害は変わり
ます。

　ここでは、首都機能への影響がもっとも大きいと考えられる
都心南部を震源とするマグニチュード 7.3 の地震による被害想
定を内閣府（中央防災会議）による資料をもとに紹介します＊1。

想 定 地 震：	「都心南部直下地震」M7.3
死 　 者：	最大約 2.3 万人（冬の夕方に発生した場合）
全壊・焼失家屋：	最大約 61 万棟。震度 6 強以上の地域にある老朽木造住宅、老朽ビルが全壊
津 　 波：	東京湾で 1 m 以下
地盤の液状化：	東京湾岸および河川沿いを中心に発生
避 難 者 数：	最大約 720 万人
食 料 不 足：	最大約 3400 万食
要 救 助 者：	最大約 7.2 万人（冬の深夜に発生した場合の閉じ込め被害）
電 力 被 害：	最大約 1220 万件（火力発電所の運転停止）
通 信 被 害：	最大約 470 万回線（固定電話）。携帯電話の音声通話はほとんどつながらない
上 　 水 　 道：	23 区で 5 割、一都三県で 3 ～ 5 割が断水

＊1　内閣府中央防災会議『首都直下地震の被害想定 対策のポイント』（2013 年）。
　　http://www.bousai.go.jp/kaigirep/chuobou/jikkoukaigi/03/pdf/1-1.pdf

ガ ス：	一都三県で1～3割供給停止
道 路：	都心部の幹線道路は緊急自動車、自衛隊車両以外が規制される。規制のない道路は渋滞（時速5km以下）
鉄 道：	首都圏で全線不通
空 港：	羽田空港、成田空港が閉鎖
帰宅困難者：	23区内で800万人が路上にあふれ緊急輸送に支障をきたす
そ の 他：	被災地内外での買い占めによりコンビニや小売店の在庫は数時間で売り切れ。ガソリンスタンドも営業不能。湾岸地域の危険物施設で爆発や有毒ガスが発生。各省庁の職員や国会議員が被災し、一時的に国家機能が低下する

❖ 37-2　地震の被害想定と、過去の地震の比較

	地震の規模	最大震度	死者・行方不明（人）	全壊・消失建物（棟）	経済的被害
関東大震災型（想定）	M8.2	7	7万	133万	160兆円
都心南部地震（想定）	M7.3	7	2万3000	61万	95兆3000億円
関東大震災（1923年）	M7.9	7	10万5000	32万1000	55億円超
阪神・淡路大震災（1995年）	M7.3	7	6437	11万1942	9兆6000億円
東日本大震災（2011年）	M9.0	7	約2万2000	約12万2000	16兆9000億円

※関東大震災の最大震度は推定。被害は中央防災会議まとめ。東日本大震災の被害額は原発事故を含まず

震源で発生した振動（地震波）は地中を伝わり、やがて地表に達して地面をゆらします。同じ地震でも、地盤の性質によって私たちが感じる地面のゆれ（地震動）は異なります。

●地盤のよし悪し

地震の際、どういう場所が危険なのでしょうか。地震動による被害が大きく一番危ないのは、なんといっても震源に近い場所です。震源に近いほど地震動（震度）は大きく、地面が激しくゆれます。また、震源に近いところでは、緊急地震速報が間に合わないこともありえます。

震源からの距離がほぼ同じでも、どのような地盤かによって被害は異なります。

一般的には、軟らかい沖積層などの軟弱地盤が厚く分布する海岸平野や河川沿いの低地や盆地、そして人工地盤（埋立地・造成地）が「悪い地盤」とされます。一方で「よい地盤」は、硬い岩盤が分布する丘陵や山地といわれます。

地下深くの硬い岩盤を伝わってきたガタガタとした短周期の地震波がその上の軟らかい軟弱地盤に伝わると、地震波の速度が遅くなり振幅が大きくユラユラとした長周期の地震波になります。つまり、硬い地盤に比べて軟らかい地盤は、ゆれが大きく震度が大きいのです。

❖ 38-1　いろいろな場所の地震動

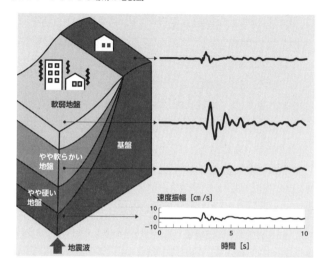

　このように、地盤はそれぞれの硬さによってゆれの強さ（震度）やゆれの周期が異なります。日本全国について「表層地盤のゆれやすさマップ」が内閣府によって公開されています。お住まいの地域や通勤・通学先の地盤のゆれやすさを確認してみましょう*1。

●地震動による被害と地盤

　地震動によって発生する被害にはいくつかあり、それぞれ発生しやすい地盤が異なります。

＊1　地盤それぞれのゆれやすい周期を「卓越周期」という。

地震動が発生しやすい地盤

[1] 建造物の破損・倒壊は、主に地震動の振幅が大きい軟弱地盤が分布する沖積低地や盆地で発生する。ただし、硬い地盤の地域でも、地盤の卓越周期と建物の固有周期が同じ場合には共振現象が発生し、建物の破壊や倒壊につながることがある

[2] 地盤の液状化は、河川や海岸沿いに分布する締まりがゆるくて地下水位が高い砂地盤（埋立て地盤を含む）で発生しやすくなる

[3] 地震の強いゆれによって地表に割れ目ができる地割れは、軟弱地盤や傾斜地で発生しやすく、液状化にともなって発生することもある

[4] 斜面崩壊や地すべりなどは傾斜地で発生し、ゆれ（震度）が大きいほど大規模な斜面崩壊・地すべりが発生しやすくなる。なお、地すべりは斜面崩壊と違って、傾斜がゆるくても発生するが、傾斜地ならどこでも発生するものではない。地すべりは地質との関係が深く、風化すると粘土に変質しやすい第三紀火山灰層の分布域、断層粘土を挟む破砕帯を持つ活断層の分布域、熱変質による地盤の粘土化がみられる火山地域などのいわゆる「地すべり地域」で注意が必要

　これを見るとわかる通り、被害の種類によって被害の発生しやすい地盤はそれぞれ異なり、一概に地盤のよし悪しは決められないのです。

39 津波が発生する３つの条件って何？

太平洋の海溝付近で発生する巨大地震の犠牲者は、そのほとんどが地震そのものではなく、巨大津波によるものでした。津波が発生するしくみを知って、その脅威から身を守りましょう。

●「大きな波」ではなく「大量の水流」

　かつて一般の人が抱いていた津波[*1]のイメージは、海岸に打ち寄せる波の大きなもの、つまり巨大な高波が襲ってくるというものでした。しかし実態は、「大きな波」というより「**海からあふれ出した大量の水流**」だったのです[*2]。

　台風などの強い風で起こる高波は周期が短く、高い波の山が襲ってきても10秒後にはすーっと引いてしまいます。打ち寄せた瞬間の衝撃は大きいものの、腰高程度の波ならば、踏ん張ってこらえることができるかもしれません。一方で津波は周期が長いので、いったん波が来ると数分から数十分の間、ずっとなだれ込んできて一向に引かないのです。つまり川のように水の流れが止むことなく次々と襲ってくるので、わずか腰高程度の水流でも、流されずに耐えることは難しいでしょう。ましてや数ｍから十数ｍの津波（水流）ともなれば、押し寄せる流れが街のあらゆるものを破壊し、その後におとずれる強い引き波（海に戻る水流）によって、すべてを海に持ち去ってしまうのです。

---

* 1　「津」は港を意味する言葉で、港を急に襲う大波という意味からきている。
* 2　2000年代になってスマトラ島沖地震と東北地方太平洋沖地震が立て続けに発生し、多くの民間人がスマートフォンやビデオカメラで津波の映像をあらゆる角度から撮ったことから、それまで謎に包まれていた津波の実態が明らかになった。

●津波が発生するしくみ

　日本の太平洋沖にある海溝は、海側のプレートが陸側のプレートの下にもぐり込んでいます。両プレートが接する面はふだんは圧着しているので、陸側のプレートは海側のプレートに引きずり込まれて曲げられます。やがて、陸側のプレートの変形が耐えられなくなると圧着がはずれ、圧着していた面（これが震源断層になる）が一気にずれ動いて地震が発生します。

　このとき、陸側のプレートがはね上がって海底面が隆起するので、その上の海水は一気に持ち上げられます。それが重力によって崩れて波紋のように四方に伝わったものが津波です。つまり、津波を引き起こすのは、**地震（断層運動）による海底地形の急激な変化**なのです。

❖ **39-1　津波の発生メカニズム**

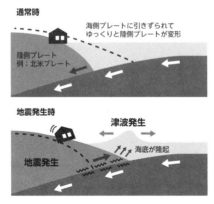

●津波の発生条件

　津波が発生するかしないかは、地震（断層運動）が海底面の変動にどう影響するかでが決まります。よって、**津波は「震源が海」「震源の深さが浅い」「マグニチュードがある程度大きい」という3つの条件がそろったときにしか発生しません。** 具体的には、震源が浅いほど海底地形の変化が大きくなるので津波も大きくなる傾向があり、震源が80km以上深い地震では津波はほぼ発生しません。また、マグニチュードは、ずれ動いた「断層面の大きさ×ずれの量」で決まる値なので、M6.3よりも小さい地震では海底面の変動が小さく、津波はほとんど発生しません。一方、マグニチュードが7を超えると、被害を出すような規模の津波が発生しやすくなります。

●「ようすを見てから避難しよう」は危険

　「海のようすを見てから避難しよう」と考えるのは危険です。

　津波は、実は沖合での盛り上がりはせいぜい数十cmから数mしかありません。しかし、波紋として岸に近づいてくると、水深や海底地形などの影響で一気に波が高くなる性質があります。また、津波を岸から見ると、台風などで生じる高波とまったく同じように見えますが、津波の断面は高波のような山型ではなく、同じ高さの海水がうしろにも隠れている台型の水のかたまりなので、岸に到達したとたんに大量の海水が一気になだれ込んできます。

● 「ゆっくり落ち着いて避難しよう」は危険

東北地方太平洋沖地震では海岸から 100 km 程度離れている日本海溝の地震だったので、ゆれを感じてから大きな津波が到達するまでおおむね 30 分以上の猶予がありました。ですから海岸で強いゆれを感じたら、迷わず落ち着いて身じたくしてから避難行動に移れば大丈夫と思っている人も多いようです。しかしこれは危険です。海岸から近い南海トラフや、岸に接する駿河トラフ、相模トラフなどが地震を起こした場合、ゆれを感じてから大きな津波が到達するまでの時間は**最短で 5 分程度**と予想されており、身じたくしている時間はありません。震源断層の位置によっては津波の到達時間が極端に短くなることを知っておく必要があります。

● 「第1波をやり過ごせたら、もう大丈夫」は危険

津波はくり返し襲ってきます。津波の波長は数十 km から数百 km と長いので、数分から 30 分程度の周期で海面が上下動をくり返すことになります。すると、高いところに避難して大きな第 1 波をやり過ごせたら、このあとに来る津波は徐々に低くなるのだろうと思いがちですが、その考えは危険です。

他の場所で反射した波や屈折してきた波が合体して、第 2 波や第 3 波が最大になることもめずらしくありません。

さらに震源から遠いところでは、第 1 波が来てから 3 〜 4 時間後に最大のものが襲ってくる場合もあるのです。

仮に避難して無事に第1波をやり過ごせたとしても、さらに高い場所へと移動して警報が解除されるまでそこを動かないことが大切です。

● 「強いゆれを感じなかったら大丈夫」は危険

　最大震度が7だった東北地方太平洋沖地震は、東日本の各地で強いゆれを感じたので、人々は大津波の到来をある程度予想できました。しかし、ほとんどの地域で震度2〜3のゆれしか感じず、人々の頭に大津波が連想されない中で、不意打ちのように大津波に襲われた事例があります。1896年に岩手県沖で発生した明治三陸地震です。

　これは震源断層が通常の地震よりもゆっくりとずれ動いたためで、発生する地震波の周期が長くてゆったりとゆれたので、体感的にも、建物等の被害も、ともに小さくなりました。しかし、**ずれ動いた震源断層の面積は大きかったので、持ち上げた海水の量も多く、大津波となりました。**

　このような発生機構の地震が一定数あることはもともと知られていますが、あまり周知されていないのが現状です。強いゆれを感じないと私たちは津波の到来を予想できませんが、気象庁の現在の観測体制なら、これを判断して津波警報を出せる可能性が高いので、これに頼るほかありません。こうした事例があることを頭に入れ、海岸地域で地震のゆれを感じたら津波警報に耳を傾けることが大切です。

40 世界の地震津波：「インド洋大津波」

2004年12月26日、スマトラ島の西方沖を震源とするマグニチュード（Mw）9.1の地震が発生しました。この地震によって引き起こされた大津波はインド洋沿岸の広い地域を襲いました。

●最悪の津波災害

2004年インド洋大津波は、インド洋沿岸の広い地域を襲った津波です。30万人を超える死者・行方不明者とおよそ500万人の被災者を出したと推定されています。記録に残っている津波災害の中でも最悪の災害として知られています。

❖ 40-1　地震の震源域と被害を受けたインド洋沿岸14諸国

●スマトラ島沖地震の概要

　2004年インド洋大津波は、スマトラ島の西方沖で発生した地震によって引き起こされました。この地震の震源は、インド・オーストラリアプレートがユーラシアプレートに沈み込んでいる地域で、これまでにも大きな地震が発生している場所でした。プレートの沈み込みの場所で生じる海溝型地震で、このときプレートの境界はおよそ1300 kmと広大な範囲でずれたと考えられています。地震のマグニチュード（Mw）[1]は9.1でした。これはアメリカ地質調査所による、1900年以降に発生した規模の大きな地震で3位に入る大きな地震です。

❖ 40-2　1900年以降に発生した規模の大きな地震（気象庁 HP 参照）

順位	日時（日本時間）	発生場所	マグニチュード(Mw)
1	1960年5月23日	チリ	9.5
2	1964年3月28日	アラスカ湾	9.2
3	2004年12月26日	インドネシア、スマトラ島北部西方沖	9.1
4	2011年3月11日	日本、三陸沖（東北地方太平洋沖地震）	9.0
〃	1952年11月5日	カムチャツカ半島	9.0
6	2010年2月27日	チリ、マウリ沖	8.8
〃	1906年2月1日	エクアドル沖	8.8
8	1965年2月4日	アラスカ、アリューシャン列島	8.7
9	2005年3月29日	インドネシア、スマトラ島北部	8.6
〃	1950年8月15日	チベット、アッサム	8.6
〃	2012年4月11日	インドネシア、スマトラ島北部西方沖	8.6
〃	1957年3月9日	アラスカ、アリューシャン列島	8.6

---

[1]　モーメントマグニチュード（Mw）。主に大規模地震に用いられる地震の大きさを示す量を表す。p.82参照。

●どのように津波は発生したのか

　この地震では、水深がおよそ 4000 m ある海底で、まず上側のプレートである、ユーラシアプレートの先端付近がはね返って隆起し、海面が上昇して津波が生じたと考えられています。そのため、津波は主に西側のインド洋の方に伝わりました。津波は震源から 1600 km 離れたインドの東岸や 6000 km 離れたアフリカや南極にも到達しました。

　上側のプレートの先端がはね返ると、それまで押しとどめられ高くなっていた部分はその力がなくなって平らになった分沈みます。

　このための海面低下も津波を生じ、こちらは東側の震源に近い地域である、インドネシア沿岸やタイ、マレー

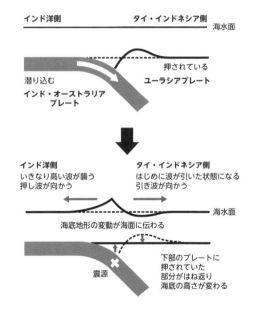

❖ 40-3　プレートの動きと海面変動

インド洋側　　　　　　　　タイ・インドネシア側
　　　　　　　　　　　　　　　　　　　　　海水面

　　　　　　　　　　　　　押されている
潜り込む　　　　　　　　　ユーラシアプレート
インド・オーストラリア
プレート

インド洋側　　　　　　　　タイ・インドネシア側
いきなり高い波が襲う　　　はじめに波が引いた状態になる
押し波が向かう　　　　　　引き波が向かう
　　　　　　　　　　　　　　　　　　　　　海水面
　海底地形の変動が海面に伝わる

震源　　　　　　　　　　　下部のプレートに
　　　　　　　　　　　　　押されていた
　　　　　　　　　　　　　部分がはね返り
　　　　　　　　　　　　　海底の高さが変わる

シアに向かったと考えられています。

●なぜ津波被害は大きくなったのか

　大津波は、地震の規模であるマグニチュード（Mw）が9.1
と大きく、水深の深い海底で発生したことで起きました。

　津波の速度は水深が深いほど速く、水深が浅くなると遅くな
ります。震源のあたりやインド洋の水深は4000mで津波は旅
客機と同じくらいのスピード（時速700km）で伝わり、沿岸が
近づくと遅くなります。このとき、後ろの波が追いついてく
るため波の高さは大きくなります。

　さらに被害を大きくしたのは、震源がインド洋側の沿岸から
遠く離れていたことです。そのため地震のゆれは当地では小
さく、一方で、海面の隆起によって生じたこの津波の第一波
は**押し波**といって、突然高い波が押し寄せたのでした。

　震源から東側では、海面の低下による**引き波**の津波が第一
波として襲ったと考えられています。こちらは地震のゆれや、
海が引き潮のように海面が低下するという前兆がありました。

　しかし、リゾート客が多かったことや、住民が地震津波の危
険への知識や認識が乏しかったことと、十分な津波警報シス
テムがなかったために、その後の押し波で大きな被害が生じ
ました[2]。

---

[2]　この地域で大きな被害を出した津波は、100年以上も前の1883年のクラカタウ火山の
噴火による火山性の津波だった。

> 東日本大震災による津波災害を経験して、今後発生が懸念され
> ている南海トラフ地震による津波災害。ここを震源として津波
> が発生した過去の地震を知ることで将来へ備えましょう。

●なぜ南海トラフ地震が注目されているのか

　南海トラフでは、古くは『日本書紀』に記述がある 684 年の
地震以来、過去 1400 年間に 90 ～ 265 年の間隔で大地震がく
り返されています。そして、一番最後に起きたのは、およそ
75 年前です[1]。このようなことから、近い将来に地震が発生し、
津波が来ることを想定した備えが必要だと考えられています。

●過去の南海トラフ地震から学ぶ

　一番最近に起きた南海トラフ地震は、1944 年の昭和東南海
地震と 1946 年の昭和南海地震です。

　昭和東南海地震は、1944 年 12 月 7 日午後 1 時に発生しました。
太平洋戦争の最中の地震で、東海地方の多くの軍需工場が大き
な被害を受けました。地震の翌日は太平洋戦争開戦 3 周年だっ
たこともあり、国内の新聞での扱いは戦意高揚の記事に隠れ、
非常に小さなものでした[2]。

　そういう状況下でも被害調査は行われ、報告書が残されてい
ます。震源域は熊野灘から志摩半島、渥美半島沖で、この地

---

[1]　『36・南海トラフ地震が起きたらどうなる？』(p.136) 参照。
[2]　地震の発生自体が秘密扱いであったため、新聞報道などの資料が少なく「隠された地震」
　　といわれている。一方のアメリカでは、ニューヨークタイムズ紙で、津波をともなう大
　　きな被害が出ているはずであると、地震学者による分析記事が掲載された。

震による津波は伊豆半島から三重県沿岸までを襲ったとされています。津波の高さは三重県の沿岸で6～10mに達し、三重県での地震被害のほとんどは津波によるものであると結論づけられています。被害の大きかったのは熊野灘に面した漁村でした。

津波の被害が大きかった地域には、多くの証言記録が残されています。「海の水がごっそり引いて普段は見えない海の底が見えた。それは真っ赤で、赤い火のようだった」というものや、「子どものころ聞いた話では、潮が引くとのことだったが、潮が引く気配などなく、そのまま海面が膨れ上がった」などです。これらの証言は、津波の始まりが、場所や地形で異なったり、過去の言い伝えとも違うという、事実を知る上で重要なものです。

昭和南海地震は、昭和東南海地震から2年後の1946年12月21日午前4時に発生しました。南海トラフ地震は海域の半分で地震が起こると数年後にもう半分でも起こる可能性が高いという特徴があります。震源は潮岬南方沖です。津波は紀伊半島南部から四国にかけての太平洋沿岸を襲い、津波の高さは5～6mでした。津波は地震のゆれのあと、震源に近い場所では10分以内で来襲したところもありました。

昭和南海地震では気になる特徴的な現象がありました。地震発生前に四国の太平洋沿岸で井戸水が濁ったり、水位が低下していたことが報告されていました。そのしくみは解明され

ていませんが、前兆現象の可能性があると考えられています。

　また、地震によって高知市では地盤の沈下が起こり、津波による浸水がなかなか引きませんでした。この地盤沈下は、南海沖地震に共通する現象として知られています*3。

　昭和南海地震では1330名が犠牲になりました。広範囲で強いゆれがあった地震ですが、ゆれよりも津波による犠牲者が多かったと報告されています。

●現代の科学で南海トラフ地震に備える

　かつて地震の研究が未発達の頃は、せいぜい祖父母の世代の一度の経験が受け継がれる知恵でした。今は古い地質を調べたり、古文書の研究がなされたりして、はるかに多くのことがわかっています。

　そして、それをもとに、計算機による緻密なシミュレーションによる被害想定や、有効な対策が検討されています。南海トラフを震源とした、東北地方太平洋沖地震規模の地震が起きた場合の最大被害想定では、東北地方太平洋沖地震と比較して浸水面積が約1.8倍、死者・行方不明者が約17倍（このうち津波によるものが最大3分の2）という結果が出ています。

　これは大変恐ろしい数字ですが、一方で避難の迅速化によって津波による死者を最大9割減できるという予測もなされています*4。恐れを持つとともに、科学的な見地に立って冷静に対策することが大切です。

---

*3　684年に起こった南海地震について、"田が没して海となった"と日本書紀に記されている。

*4　首都直下・南海トラフ巨大地震の被害想定等に関する検討状況。
　　https://www.cas.go.jp/jp/seisaku/resilience/dai1/siryou6-2.pdf

第 3 章

火を噴く！
火山列島

> 活火山とは、「おおむね過去1万年以内に噴火した火山および現在活発な噴気活動のある火山」を指します。現在日本には111の活火山があり、世界の活火山1548の約1割を占めています。

●世界と日本の火山分布

　世界の活火山のほとんどが太平洋を取り囲む、インドネシア、日本から南米の南までの環太平洋地帯に分布しています。

　日本を含む太平洋の周辺地域にはたくさんの活火山が分布しており、**環太平洋火山帯**といいます。

　地中海からアフリカ東部にかけての地域にも多くの活火山があります。また、大西洋の中央部や太平洋の真ん中にも活火山があります*1。

　日本列島の火山は、帯状につながっています。ひとつは、千島列島から北海道へ、北海道の有珠山付近で折れ曲がって東北、関東へとつながり、浅間山付近でさらに折れ曲がって伊豆・小笠原諸島へとつながっており、もうひとつは、中国地方から九州、南西諸島へとつながっています。これらの火山の連なりをそれぞれ**東日本火山帯**、**西日本火山帯**とよんでいます。

　その間にある四国地方・近畿地方は火山が存在しない地域となっています。

　日本には世界の活火山の約1割があります。

---

*1　大洋のほぼ中央部を長く走る海底山脈を中央海嶺（かいれい）といい、もっとも典型的なものに大西洋中央海嶺がある。私たちの目に触れることはないが、地球上では最大の火山群。弧状列島の火山よりマグマ湧出量も噴出速度も大きい。玄武岩質マグマが次々と噴出し、海洋地殻がつくられている。

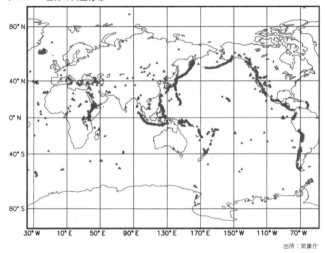

❖ 42-1　世界の火山分布

出所：気象庁

●マグマの発生→マグマだまり→噴火

　地下深くで岩石がとけて生じた液状物質を**マグマ**といいます。日本列島周辺では、海洋プレートの沈み込みによって、100〜150kmの深さでマグマがつくられます。プレートによって持ち込まれた水（鉱物に取り込まれた状態）が放出され、水が含まれる岩石がとける温度が劇的に下がることで、マントル内で岩石が局所的に（部分的に）とけて、マグマが発生すると考えられています[2]。

　マグマは浅いところまで上昇してくると、いったん地下数kmのところにたまって**マグマだまり**をつくります。マグマだ

---

[2]　マントルが局所的にとけて最初にできたマグマは、大部分が玄武岩質マグマであると考えられている。

まりからマグマが上昇して地表に出てくる現象が**噴火**です。

●日本の火山は安山岩が多い

マグマが地表付近で急激に冷やされてできる火山岩は、その組成から大きく玄武岩、安山岩、デイサイト、流紋岩に分けられます[*3]。これらは二酸化ケイ素の割合で分けています。

『理科年表』の「日本の主な火山」には、北方領土の火山や寄生火山も含め、199の火山について岩石の種類が示してありますが、多い順で安山岩が139個（70％）、玄武岩が34個、デイサイトが18個、流紋岩が8個です。日本のような沈み込み帯の火山ではもっともふつうに見られるのが安山岩です。

●火山の噴火のしかたや火山の形を決めるマグマのねばり気

二酸化ケイ素は岩石をつくる基本成分です[*4]。マグマの粘性（ねばり気）は温度と二酸化ケイ素の含有量で決まります。高温で二酸化ケイ素の入っている割合が小さいほど粘性は小さく流れやすく、逆に低温で二酸化ケイ素が多く含まれているほど粘性は大きく流れにくくなります。

火山からマグマが爆発的に噴火せずに溶岩流として流れると、マグマの種類によって次のような特徴がみられます[*5]。

・**玄武岩質マグマ**

　川のように流れて、冷えて固まると厚さ数 km の溶岩になる

[*3] 中学理科教科書に出てくる火山岩は玄武岩、安山岩、流紋岩。より詳しく分けるとデイサイトも入る。

[*4] 鉱物で二酸化ケイ素からできているのは石英（せきえい）。ふつう錐状（すいじょう）または柱状（ちゅうじょう）でガラス光沢を持ち、無色または白色。石英の透明な結晶が水晶。

- **安山岩質マグマ**

  ゆっくり、あるいはのっしりとノロノロとした動きで、冷えて固まると厚さ数十ｍの溶岩になる

- **デイサイト質マグマや流紋岩質マグマ**

  ほとんど動かない。１日ずっと観察してようやく１ｍ程度。たいていは火口に盛り上がって溶岩ドームをつくる

❖ 42-2　日本のマグマの種類と性質

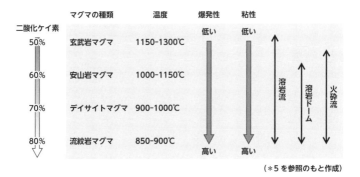

二酸化ケイ素	マグマの種類	温度	爆発性	粘性			
50%	玄武岩マグマ	1150-1300℃	低い	低い	溶岩流	溶岩ドーム	火砕流
60%	安山岩マグマ	1000-1150℃					
70%	デイサイトマグマ	900-1000℃					
80%	流紋岩マグマ	850-900℃	高い	高い			

（＊5を参照のもと作成）

●噴火の激しさの違い

　日本のマグマの場合、水その他の揮発成分が数％含まれています。

　わかりやすくするために水がとけ込んでいるとします。地下深くでは高い圧力がかかっているので完全にとけ込んでいますが、マグマが深さ４kmくらいまで上昇すると、水の一部は

＊5　藤井敏嗣「NHKそなえる防災」＞「火山・降灰」＞「噴火の源・マグマとは？」による。
https://www.nhk.or.jp/sonae/column/20120811.html

とけ込めなくなって水蒸気に変化して気泡になり、泡入りマグマになります。さらに上昇すれば気泡の量は増えていきます。

　ねばり気が強いマグマだと気泡は高い圧力でマグマに閉じ込められた状態になります。その圧力にマグマが耐えられなくなると急激に気泡の体積が膨張し、岩盤に割れ目をつくって一気に爆発します。

　ねばり気が弱いマグマなら気泡はマグマから抜け出て、火口からおとなしい溶岩流になります*6。

●火山災害

　火口から流れ出した**溶岩流**は、ときに建造物や田畑を破壊します。火口から飛来する**火山弾**は、ときに人身や家屋を直撃します。

　火山灰は、堆積して農作物などに被害を与え、浮遊して航空機の飛行の障害となり、また、成層圏まで上昇して異常気象を引き起こします。

　火砕流は山麓まで高速で流下して、しばしば町村を全滅させます。

　山体崩壊によって生じる**岩屑なだれ**、噴出物が降雨をきっかけに流下する**土石流**や**泥流**も極めて危険です。泥流などは河川や海に流れ込み、洪水や津波を起こして深刻な二次災害を生ずることがあります。

---

*6　ねばり気が弱くても、マグマが地下水などと直接接触し、大量の水蒸気が急激に発生することで起こるマグマ水蒸気噴火（マグマ水蒸気爆発）もある。

火山ガスによる中毒死や窒息死の危険もあります。

●富士山は休火山から活火山になった？

　かつて火山は、活火山、休火山、死火山の３つに分けられていました。現在噴火または噴気活動を続けている火山を活火山、現在は活動していないが歴史時代*7 に活動した記録が残っている火山を休火山、歴史時代の活動の記録がない火山を死火山としていたのです。

　しかし、火山の寿命は長く、歴史時代の噴火の有無で分けることは意味がないということで、休火山や死火山という言い方はなくなっています。

　2003 年 1 月に、気象庁火山噴火予知連絡会は、活火山を定義し直しました。それまで過去およそ 2 千年以内に噴火した火山および現在活発な噴気活動のある火山を活火山としてきましたが、おおむね過去 1 万年以内に噴火した火山および現在活発な噴気活動のある火山を**活火山**としたのです。

　当初、この基準に基づく活火山の数は 108 でしたが、2011年 6 月に 2 火山、2017 年 6 月に 1 火山が新たに選定され、活火山の数は全国で 111 となっています（2021 年 5 月現在）。

　これによりかつては休火山だった富士山も、新しい定義では活火山となっています。

---

*7　文字で書かれた史料によって歴史を知ることができる時代。

43 マグマが噴火するしくみはどうなっている？

> マントル内で局所的に発生したマグマは、地下数 km の浅いところに「マグマだまり」をつくります。噴火はマグマだまりからマグマが火道を上昇して起こります。

●地球の内部はどうなっている？

地球は半径約 6400 km のとても大きな球体です。この地球の内部は**地殻・マントル・核の3層**からできています。

核はさらに内核と外核という2つの層に分かれていて、**外核は液体**なのに、地球の芯にあたる**内核は固体**です。

地殻は、岩石からできています。地球全体からみると非常に薄いものです。厚さは場所によって異なっていて、大陸と海ではその差は 10 倍に達することがあります*1。

マントルは、深さが 2900 km あたりまでのところです。マントルも岩石からできています。

●マグマはどうやってできる？

マグマは深さ数十 km から数百 km の**地殻の下部から上部マントルの岩石がとけることで発生します**。この部分は「**マグマの発生源**」とよばれます。

日本の火山の多くでは、地下深くの岩石に水が供給され、融点が下がってマグマができるようです。水の供給は、海洋プ

---

*1 大陸では厚く 30 〜 50 km ぐらい、海では薄く 5 〜 10 km ぐらい。

レートが沈み込むときに、表層にある水が送り込まれること
が考えられています。

●マグマだまりからマグマが上昇して噴火へ

発生したマグマは上昇して、地表から数 km あたりで一時休
憩所的に「**マグマだまり**」をつくります[*2]。

マグマだまりのマグマには、水を主とするガス成分がとけ込
んでいます。

炭酸飲料の入ったボトルをよく振ってからフタを開けると、
液体中の二酸化炭素が減圧によってとけ込めなくなって一度
に発泡します。これは気体（ガス）が液体にとける量は圧力の
大きさに比例するからです[*3]。

噴火のしくみはこれと基本的に同じです。マグマのガス成分
がマグマから遊離して上昇し、マグマだまりの上部に集まり
ます。

マグマだまりから上には「**火道**」いうマグマだまりから地表
に上がる通路（細い管）が延びています。

火道は火山噴火の休止期には冷えて固まった溶岩でふさが
れていますが、マグマだまりの圧力が大きくなっていくとマ
グマが外に出ようとしてこの火道を開きます。

こうして高温のマグマが上昇して地表に噴き出る噴火が起
こります。

[*2] たくさんの火山の下に、このような閉じたマグマだまりが、地震波の観測で確認され
ている。地下の浅いところでマグマだまりのマグマの温度は、おおよそ 650 ℃から
1300 ℃の間である。
[*3] フタを開けると、それまで高い圧力でとけ込んでいた二酸化炭素が 1 気圧になって遊離
した。

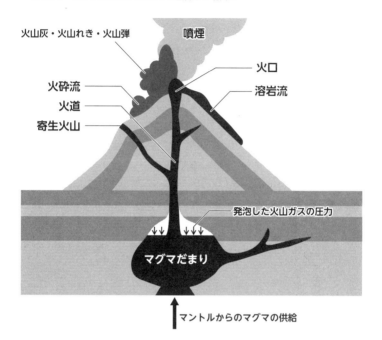

❖ 43-1　マグマだまりからマグマが上昇して噴火へ

火山灰・火山れき・火山弾

噴煙

火口

火砕流

溶岩流

火道

寄生火山

発泡した火山ガスの圧力

マグマだまり

マントルからのマグマの供給

44 火山の形は溶岩のねばり気しだい？

火山の形は大きく分けると3種類あります。3つの火山の形には、それぞれ溶岩の性質のうちのねばり気（粘性）が大きく関係しています。

●火山の形や噴火の激しさに大きく関係する溶岩の粘性

溶岩とは地表に流出したマグマとマグマが固まって形成した岩石のいずれをも指します。つまり、地表に流失した液体のマグマも、冷えて固まったものも**溶岩**といいます。

溶岩はねばり気が小さい、つまり粘性が小さいと流れやすく、高速で薄く遠くまで流れます。逆に粘性が大きいと溶岩は流れにくく、厚い溶岩流になり、盛り上がりやすくなります。

溶岩の粘性は、マグマの温度と、含まれている二酸化ケイ素の量によって決まります。

マグマの温度

・マグマの噴出するときの温度は、およそ900〜1200℃
・溶岩の粘性は、噴出するときの温度が高いほど小さくなる

二酸化ケイ素の量

・溶岩の粘性は、マグマの中に含まれる二酸化ケイ素の量が多いほど大きくなる

地表付近でマグマが急速に冷えて固まってできた岩石を火山岩といいます。火山岩の色は、含まれる二酸化ケイ素の量が少ないほど黒っぽく、多いほど白っぽく見えます。

火山岩の代表は、玄武岩、安山岩、流紋岩です。色は、玄武岩がもっとも黒っぽく、流紋岩がもっとも白っぽくなります。二酸化ケイ素の量が少なくて粘性が小さい（さらさらの）マグマは玄武岩になるので、玄武岩質マグマといいます。

●火山の形と溶岩の性質

火山の形は大きく分けると3種類あります。火山の形には溶岩の性質のうち、とくに溶岩の粘性が関係しています。

盾状火山
たてじょう

・粘性の小さな玄武岩質の溶岩がくり返し噴出すると、盾状火山になる

・西洋の騎士が使う盾を寝かせたようななだらかな形が特徴

・傾斜がゆるく、全体的にうすく広がった形をしている

・大量の溶岩が噴出して溶岩台地をつくることもある

成層火山
せいそう

・日本列島の多くの火山は、溶岩の流出と火砕物（火山弾や火山灰など）の噴出が交互に起こる

　→これらの層が円すい形にくり返し積もって成層火山になる

・山頂周辺は急峻に、山腹以下はなだらかな形になる

溶岩ドーム

・粘性の高いマグマが噴火せずにそのまま火口から押し出され、盛り上がったドームのような形になる

❖ 44-1　溶岩の性質と火山の形

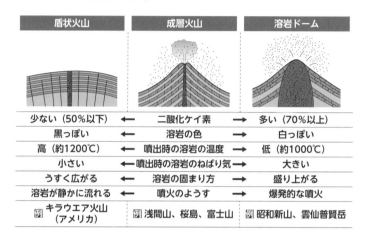

盾状火山		成層火山		溶岩ドーム
少ない（50％以下）	←	二酸化ケイ素	→	多い（70％以上）
黒っぽい	←	溶岩の色	→	白っぽい
高（約1200℃）	←	噴出時の溶岩の温度	→	低（約1000℃）
小さい	←	噴出時の溶岩のねばり気	→	大きい
うすく広がる	←	溶岩の固まり方	→	盛り上がる
溶岩が静かに流れる	←	噴火のようす	→	爆発的な噴火
例 キラウエア火山（アメリカ）		例 浅間山、桜島、富士山		例 昭和新山、雲仙普賢岳

45　噴火の大きさはどうやって表すの？

火山の噴火によって村や町が全滅したという歴史上の記録は少なくありません。噴火の大きさはどのように表され、噴火はどのくらいの頻度で起きるものなのでしょうか。

●噴火の大きさの表し方

噴火の大きさを比較するとき問題になるのは、多くの噴火が有史以前のもので、噴火のようすをうかがい知ることができないことです。そこで火山学では、1回の噴火の大きさを火山灰や軽石を中心とした噴出物の量で表すことが多く、これを**火山爆発指数／VEI**（Volcanic Explosivity Index）といいます。VEIならどんな過去の噴火でも、地層中に残された堆積物[*1]の総量を算出すれば求めることができます。

火山灰や軽石などの噴出物は、爆発的な噴火の際にマグマが空中に噴出されて固まったものですから、VEIの値から、ある程度「マグマの放出量」や「噴火の様式」が推定できることになります。

●火山爆発指数（VEI）の値と噴火のようす

VEIは右表のように、0から8の9段階で表されます。値が1上がるごとに噴出物の量は10倍になります（ただし1と2の間だけ100倍）が、発生頻度は5分の1から10分の1になります。

[*1]　主に火山灰が固まった凝灰岩。

170

❖ 45-1 火山爆発指数（VEI）と主な事例

火山爆発指数（VEI）	噴出物の量	世界での発生頻度	日本の事例	噴火年
0	<10,000m³以下	ほぼ毎日	箱根山	2015年
1	>10,000m³	ほぼ毎日	桜島	通年
2	>1,000,000m³	ほぼ毎週	御嶽山	2014年
3	>10,000,000m³	ほぼ毎年	新燃岳（霧島連山）	2011年
4	>0.1km³	10年に1度	浅間山	1783年
5	>1km³	50年に1度	富士山	1707年
6	>10km³	100年に1度	ピナトゥボ山（フィリピン）	1991年
7	>100km³	1000年に1度	鬼界カルデラ	約7300年前
8	>1,000km³	1万年に1度	トバカルデラ（インドネシア）	約7万4千年前

　たとえば現在も活発な火山活動で有名なキラウエア火山[2]は、ねばり気の少ない溶岩を長期間にわたって継続的に噴き出し、溶岩流が町のそばまで襲ってくる姿が印象的です。しかし爆発的な噴火はせず、VEIの基準となる火山灰や軽石がほとんど放出されないので、意外にもVEIは1にしかなりません。

　1991年の火砕流で43人が犠牲になった雲仙普賢岳も、当時は「大火砕流」と騒がれました。しかし、このとき起きた「溶岩ドーム崩壊型」の火砕流は、火砕流の発生機構の中では小規模なタイプで、VEIは3でしかありません。

　歴史上、大災害をもたらした「浅間山天明三年の大噴火」「桜島の大正大噴火」「磐梯山の大噴火」などのVEIは4です。

　20世紀で最大だったのがピナトゥボ火山[3]の噴火で、VEI

---

[2]　ハワイ島を構成する5つの盾状火山の1つ。
[3]　フィリピンのルソン島西部にある火山。1991年6月に、およそ400年ぶりに起きた噴火が20世紀最大級だったとされる。

が6でした。

　阿蘇カルデラ（9万年前）、姶良カルデラ（3万年前）、鬼界カルデラ（7300年前）などのカルデラ（陥没地形）を形成した噴火は破局噴火ともよばれ、VEIは7と見積もられています。

　世界最大のカルデラであるトバ湖[*4]を形成した7万4千年前の破局噴火は、VEIが8と考えられています。

●もっと大きな噴火

　地球上には、流出した大量の玄武岩からなる溶岩台地がいくつか存在します。これらの噴火は粘性の低い玄武岩が火口あるいは大地の割れ目から大量にあふれ出るタイプなので、**洪水玄武岩**とよばれています。これらのマグマの噴出量は、VEI：8が $1000 \ km^3$ なのに対し、数十万～数百万 km^3 と桁違いに多く（それでも表記上はVEI:8になる）、噴火が地球環境を大きく変え、生物の大量絶滅の一因にもなったと考えられています。

　たとえば古生代の生物が絶滅し、中生代へと移行する主な原因になった噴火の跡と考えられているのが、中央シベリアに広がる「シベリア洪水玄武岩（シベリアトラップ）」です。また、中生代に栄えた恐竜が絶滅して新生代へと移行する一因になったと考えられているのが、インドの「デカン高原（デカントラップ）」です。こうした噴火は、ホットプルームとよばれる熱いマントルのかたまりがマントル深部から上昇し、地表に到達したとき生じると考えられています[*5]。

[*4]　インドネシアのスマトラ島北部にある世界最大のカルデラ湖。長さ100 km、幅35 kmにおよぶ。

[*5]　このような噴火が現代において生じれば、人類はもとより、多くの生物が絶滅の危機に瀕することになる。ただしその発生頻度は数千～数億年に1度程度と非常にまれ。

46

地球環境を激変させる破局噴火って何？

日本で破局噴火が起こる確率は向こう100年間で1%という研究成果が発表されました。現代人がいまだかつて経験したことのない破局噴火とは、一体どんな噴火なのでしょうか。

● 破局噴火が発生するしくみ

破局噴火の明確な定義はないですが、基本的に火山爆発指数／VEIが7（噴出物の量がおよそ100km³以上）で、噴火後にカルデラ（火山性の陥没地形）を形成するタイプの噴火を指します。噴出物のほとんどは火砕流です。

破局噴火のメカニズムは通常の噴火と同じです。違うのは地下のマグマだまりの大きさです。

通常のマグマだまりは直径が1km程度なのに対し、破局噴火を起こすマグマだまりは10km以上になります。こうしたマグマだまりのマグマは周囲の岩盤よりも比重が軽いので、大きなかたまりとなって上昇圧力が生じます。すると地表の岩盤にマグマだまりの輪郭（通常は円形）をふちどる亀裂が入り、この亀裂を通ってマグマが上昇して噴火が始まります。やがて亀裂（火口）がひとつながり（円）になると、亀裂の内側の岩盤、つまりマグマだまりの天井が支えを失って陥没します。すると落ちてきた天井によって残りのマグマが一気に地表へと押し出され、さらに大量の火砕流が噴出するのです。

このようにして発生した火砕流は直径数百kmを超す範囲を焼き尽くし、噴火が収まったあとには巨大なクレーターのような陥没地形「**カルデラ**」が残されるというわけです。

❖ 46-1　カルデラのでき方

噴火　　　　　陥没＆大噴火　　　　　カルデラ形成

●過去の破局噴火

日本で破局噴火を起こした形跡は、北日本と九州に巨大カルデラとして存在しています[1]。

有名な噴火は、阿蘇カルデラの9万年前の噴火です。この噴火による噴出物の量はおよそ $600\,km^3$（VEI：7）で、現在知られている日本の噴火の中で最大です。この噴火による火砕流は、九州のほぼ全域から山口県に至る半径 $200\,km$ 以上の距離にまで到達し、火山灰は北海道でも $15\,cm$ も積もりました。

世界に目を向けると、インドネシアのトバ・カルデラにおける噴火（およそ7万4000年前）では、噴出物の量が $2000\,km^3$ 以上（VEI：8）で、人類史上もっとも巨大な噴火でした。

---

[1]　洞爺、支笏、屈斜路（以上、北海道）、十和田（青森県）、阿蘇（熊本県）、加久藤（熊本県から宮崎県）、小林（宮崎県）、姶良、阿多、鬼界（以上、鹿児島県）など。これらのカルデラでは、数万年から数十万年の間隔を空けてくり返し破局噴火が発生している。

●予想される次の破局噴火

　いま、世界でもっとも破局噴火の可能性が高い場所とされているのが、イエローストーン*2 です。ここは 2004 年から 2006 年にかけて、地盤が 10 cm 以上隆起していることが確認され、付近の地震も多発しています。こうしたデータから、イエローストーンの地下に存在する東西 80 km、南北 40 km、厚さ 8 km もの巨大なマグマだまりに、かなりのマグマが蓄積していると考えられています。実際、イエローストーン・カルデラは、およそ 60 万年周期で破局噴火を起こしていますが、最後の噴火が 64 万年前なので、いつ噴火してもおかしくないのです。

●破局噴火の影響

　破局噴火は周囲数百 km まで火砕流が到達し、そこを焼き尽くして分厚い火山灰でおおってしまいます。さらに恐ろしい影響は「**火山の冬**」です。破局噴火によって噴出する大量の火山ガスは、成層圏に達すると冷やされて液体となり、エアロゾルという小さな粒子の状態になります。これが何年間も成層圏にとどまって太陽光をさえぎり、世界中に寒冷化をもたらすのです。

　実際、約 7 万 4000 年前にトバ・カルデラが破局噴火した際は、全地球規模で 5 ℃ ほど気温が下がり、当時の総人口は大飢饉などで数百万人から 1 万人にまで激減しました。

＊2　アメリカ中西部のモンタナ州、ワイオミング州、アイダホ州にまたがる地域に位置する北米大陸最大の火山地帯。巨大カルデラの形成をともなう超巨大噴火が約 210 万年前、約 130 万年前、約 64 万年前の計 3 回起きたことが知られている。

47

火山灰は鋭利なガラス質で危険？

> 日本にはニュースにはならないような小噴火がいくつも発生している火山があります。その筆頭が鹿児島県の桜島でしょう。桜島を例に、噴火が日常的にある暮らしをみてみましょう。

●噴火が日常茶飯事の桜島

桜島の噴火のニュースを見たことがある人は多いでしょう。ただし、ニュースになるのは噴煙を数千m噴き上げるような比較的規模の大きな噴火です。桜島はふだんから噴煙数百m程度の小噴火が当たり前のように起きています。

最近では2009年から活動が活発化し、2015年まではほぼ毎年1000回以上噴火していました。現在は当時と比べれば小康状態になっていますが、それでも年に400回程度は噴火しています（執筆時点）。

●降灰のある暮らし

桜島の噴火は、マグマの粘性が比較的高いので爆発的になり、火山灰を多く出すのが特徴です。また、県庁所在地である鹿児島市街が近いことから、近代都市

❖ 47-1　小規模噴火が頻発する桜島

が火山灰の影響を受けるめずらしい場所です。「天から降ってくるやっかい者」という意味で降灰被害は降雪被害に似ています。

　雪よりやっかいなのが、火山灰はとけることがなく、水を含むと固まることです。そのため誰かが回収しなければなりません。鹿児島では除雪車ならぬ除灰車（ロードスイーパー）が活躍します。車道以外は各家庭で庭先や歩道の灰を指定の回収袋に入れ、降灰置き場に持っていき回収してもらいます。ごみと同じ扱いなのです。

　もうひとつ雪と違うのが、健康に影響する点です。火山灰を顕微鏡で拡大すると、**鋭利なガラス質**が多いことに気づきます。こうした灰が目や肺を傷つけるのです。これは噴火時だけでなく、そのあとに風で舞い上がっても起こるので大変です。

　そのほかにも交通機関や送電系統などへの影響、農業、漁業、航空産業への影響など、桜島の降灰は地域住民には大変やっかいなものといえます。

　火山灰は上空に舞い上げられて風に流されるので、かなり遠くまで運ばれて降灰します。

　多くの活火山を有する日本では、どこに住んでいても降灰被害にあう可能性を秘めています。

48 火山の噴火は巨大地震と連動する?

東北地方太平洋沖地震のあと、富士山の活動が一時的に活発化
し、噴火が心配されました。結局は噴火には至りませんでしたが、
地震と火山の噴火には何か関係があるのでしょうか。

●巨大地震と火山噴火の関係

マグニチュード (Mw) 9.0 以上の超巨大地震は、東北地方
太平洋沖地震を除くと、最近 100 年間で 5 回発生しています。
この 5 回の地震の震源域近くの火山は、例外なく、地震の翌
日から 3 年以内に噴火しています。

たとえば、1952 年に発生したカムチャツカ地震(Mw9.0)では、
その翌日にカルピンスキー火山が VEI:5 の比較的大きな噴火
を起こし、その後も震源域近くの 4 つの火山が 3 年以内に噴火
しました。同様に、1957 年のアリューシャン地震 (Mw9.1) で
は 2 つの火山が、1960 年のチリ地震 (Mw9.5) では 4 つの火山
が、1964 年のアラスカ地震 (Mw9.2) では 2 つの火山が、2004
年のスマトラ島沖地震 (Mw9.3) では 5 つの火山が 3 年以内に
噴火しました。

日本でも、過去には南海トラフを震源域とする宝永地震 (1707
年 M8.7) の 49 日後に、富士山の宝永大噴火 (VEI:5) が起きま
した。

●巨大地震が火山噴火を起こすしくみ

　巨大地震が火山噴火を引き起こすという関係は証明された
わけではありませんが、以下のような可能性が指摘されてい
ます。

　ひとつは、地震の震動によってマグマだまりがシェイクされ
ると、マグマにとけ込んでいた気体成分が発泡し、マグマだ
まり内の圧力が増加して噴火に至るというものです。原理は、
炭酸飲料を振ってからフタを開けると勢いよく噴き出すのと
一緒で、地震が炭酸飲料を振る行為にあたります。

　もうひとつは、巨大地震による地殻変動で、地下のマグマだ
まり周辺の岩盤に働く圧力の向きや強さが変化し、噴火に至
るというものです。

❖ 48-1　地震が噴火を誘発するしくみ

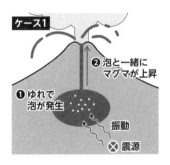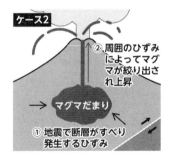

たとえば、地震によってマグマだまりに働く圧力が増すと、マグマは絞り出されるように火道を上昇して噴火します。原理は、マヨネーズやケチャップの容器を押して中身を出すのと一緒です。逆にマグマだまりに働く圧力が減じても、減圧によりマグマにとけ込んでいた気体成分が発泡して出てくるので、マグマだまり内の圧力が増して噴火します。原理は、炭酸飲料のフタを取ると、中身が発泡するのと同じです。

　また、圧力によってマグマだまり付近の岩盤に亀裂が生じ、そこをマグマが通り道として上昇することで噴火に至ることも考えられます。

●東北地方太平洋沖地震と火山の噴火

　Mw9.0の東北地方太平洋沖地震は、東日本を中心に強いゆれと大きな地殻変動をもたらしました。東日本はいままで太平洋プレートに押し込まれて圧縮されていましたが、地震により解放されたので、沖に向かって数 m も伸びました。こうした影響か、地震の次の日に日光白根山の地下で、そして4日後には富士山の地下で地震活動が活発化しました。しかし、噴火に至るような目立った火山活動はありませんでした[1]。

　このように、今回は Mw9.0 の巨大地震が相当の地殻変動をもたらしたにもかかわらず、例外的に目立った火山活動は観測されていません[2]。

---

[1]　地震から3年経った2014年の御嶽山や口之永良部島の噴火は、震源域からの距離があまりにも遠く、東北地方太平洋沖地震とは無関係だと考えられている。

[2]　しかし、地球科学（地質学）的な感覚では、10年や20年は「一瞬」のことであり、「3年以内の発生」にこだわって「もう3年以上過ぎたから大丈夫」とするのは危険である。

49 都市をのみ込むこともある火砕流って何？

火砕流は発生頻度が少なく、かつては謎の多い現象でした。しかし1991年の雲仙普賢岳の活動で豊富な映像と観測データが得られ、多くのことがわかってきました。

●火砕流とは

火砕流とは、**火山砕屑物（さいせつぶつ）が山体を高速で流れ下る現象**です。火山砕屑物とは噴火時に噴出した固形物を指しますが、火砕流に含まれる固形物は**火山灰**や**軽石**です。実際にはこうした固形物が高温の**火山ガス**と一緒になって流れます。

この混合体は、高温のガスが空気よりも軽く、固形物は空気よりも重いので、ガスが上昇して固形物が下に落ちるように思えます。でも、実際にはそうなりません。それはガスの粘性が働いて、ガスと固形物が一体になるからです。そして、**高温のガスの割合が高ければ上昇する噴煙になりますが、火山灰や軽石の割合が多ければ流れ下る火砕流になる**のです。

●火砕流が発生するメカニズム

火砕流は発生するメカニズムの違いで主に3つのタイプに分けられます。

1つめは、高粘性のマグマを擁する火山が大爆発を起こして火砕流を噴出するタイプです。このタイプの火砕流は山体を

中心に全方向に流れ、その流出量も最大となります。有史以降の例はほとんどありませんが、前述の破局噴火はこのタイプの噴火をします。

　2つめは、噴煙柱が崩壊して火砕流になるタイプです。上空高くまで噴き上げられた噴煙が、高層の冷たい空気を取り込んで重たくなり、地上に舞い戻って火砕流となるものです。このタイプも多方向に流出しますが、流出量は前述の大爆発タイプにはおよびません。ポンペイを一夜にして埋め尽くした西暦79年のヴェスヴィオ山（イタリア）の火砕流がこのタイプでした（後述）。

　3つめは、山頂の溶岩ドームが崩れるときに発生するタイプです。このタイプの火砕流は、破片の転がった方向にしか流れません。また、流出量は前述の2つのタイプと比較すると一番小規模です。1991年の雲仙普賢岳の火砕流がこのタイプでした。

❖ 49-1　噴煙柱崩壊型の火砕流　　　❖ 49-2　溶岩ドーム崩壊型の火砕流

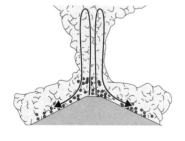

●火砕流が恐ろしい理由

　火砕流は500℃を超えるほど高温なものも多く、進路にある
すべてのものを焼き尽くします。また、火砕流には大量の火
山灰が含まれているので、瞬く間に数mから数十mも火山灰
を堆積させ、既存の土地をあっという間に埋没させてしまい
ます。

　また、火砕流は高温ガスの浮力で半分浮いた状態で流れる
ので、地面との摩擦が少なく、時速100kmを上まわる速度で
襲ってくることもめずらしくありません*1。こうしたことか
ら、火砕流は火山災害の中でもっとも恐ろしい現象といわれ
ています。

●火砕流による災害の例

　火砕流による大災害の例でとくに有名なのが、西暦79年の
ヴェスヴィオ山の噴火です。このとき発生した火砕流は噴煙
柱崩壊型で、南に10km離れたポンペイ（当時のリゾート都市）
を襲い、軽石と火山灰を一夜にして4mの高さまで積み上げ
ました。2千人あまりの市民もろとも一瞬のうちに埋め尽くさ
れ、消滅しました。

　また、西インド諸島のマルティニーク島にあるモンプレー山
が1902年に噴火したときの例も有名で、主要都市サンピエー
ルを襲った火砕流は3万人の住民をわずか数分で全滅させま
した。

---

*1　半分浮いた状態で流れてくるという特性から、多少の小高い丘も乗り越える。つまり、
　　火山の近くで発生を目撃してから避難したのでは逃げ切れない。

> 1700 年以降に発生した死者 1 千人以上の火山噴火災害の回数は、
> インドネシアが 11 回と際立って多いです。ついでフィリピンと
> 日本が各 3 回、西インド諸島、エクアドルが 2 回などです。

●歴史上最大規模のタンボラ火山噴火

　有史以来の最大の噴火は、1815 年のインドネシア・タンボラ火山の巨大噴火です。タンボラ火山は、インドネシア中南部、スンバワ島にある成層火山で、もともとの高さは約 4000 m で富士山より高い山でしたが、噴火で山体の 3 分の 1 が吹き飛び、2850 m になりました。直径約 7 km、深さ約 1200 km の大カルデラがあります。

　噴出物の総量は 150 km^3（琵琶湖の水 2 杯分）で、噴煙は成層圏に達し、高さ 40 km を超えました。火砕流がふもとを焼き尽くしたほか、海に達して大津波を起こし計 1200 人の命を奪いました。

　噴煙や周囲の海に流入した火砕流が急速に冷やされたことで、溶岩片が粉砕されて生じた多量の火山灰が空を数年間おおい、太陽光をさえぎりました。気温の低下や火山灰が降り積もることで飢饉や病気のために一帯で約 8 万人が犠牲になったといわれます。この噴火のエネルギーは最大級の地震よりも 2 桁大きいものでした。

●火砕流・泥流が人口密集地帯を直撃

　火砕流被害の最古の記録は、79年のヴェスヴィオ火山（イタリア）の噴火です。火砕流はふもとのポンペイ市（人口約2万8千人）までの7kmを2分で到達してのみ込み、一夜にして町は軽石と火山灰によって埋め尽くされました[*1]。

　その光景を目撃したプリニウスが残した記録は、火山の少ないヨーロッパでは、19世紀末まで大げさなホラ話と思われていました。ところが1902年、西インド諸島にあるフランス領マルティニーク島にあるモンプレー火山で起きた火砕流災害によってプリニウスの記録は冷静に観察したものだと見直されました[*2]。この火山災害は、20世紀で最大だったことで知られています。

　1985年にコロンビアのネバドデルルイス火山の噴火では、火口から発生した火砕流が周辺の氷河上に広がり、大量の氷が火砕流の熱でとけて泥流が発生しました

❖ 50-1　ポンペイの遺跡

た。泥流によって、火山から50km も離れたアルメロ市がほぼ完全に破壊され、約2万5千人の死者が出ました。

＊1　生存者は地下牢に入れられていた囚人と、たまたま地下倉庫にいた靴職人の2人だけ。また港に停泊していた船も火砕流に飲まれ、助かったのは沈没しなかった2隻の船底などにいた約100人だけだった。

＊2　ローマの博物学者ガイウス・プリニウスによって書き残された。多量の軽石・火山灰を放出する爆発的な火山噴火のことを、彼の名にちなんでプリニー式噴火とよんでいる。

日本の火山災害の実例：「雲仙普賢岳」

1991 年 5 月から始まった雲仙普賢岳の噴火では、小規模な火砕流が頻発しましたが、その中のやや規模の大きい火砕流によって 43 人が犠牲になりました。

●雲仙火山の主峰普賢岳

長崎県の雲仙火山は、島原半島の中心部を占める活火山で、多くの溶岩ドーム群からなる**複成火山**です。複成火山とは、大噴火を何度もくり返しながら成長してきた火山です[*1]。

普賢岳は雲仙火山の主峰で、猿葉山、野岳、九千部岳、絹笠山、眉山などの総称として、「雲仙岳」とよばれています。

雲仙火山は、人類が地球上にあらわれる前から活発に活動を続け、成長してきた火山です。

有史以後、雲仙普賢岳は 3 回噴火しています。1663 年と1792 年、そして 1990 〜 95 年です。

とくに 1792（寛政4）年の噴火では、約 1 万 5 千人の犠牲者を出しました（日本の火山災害史上最大）。

火山活動による強い地震で、北東部の眉山が大きく崩壊し、その岩や土砂がふもとの集落を埋没させながら有明海に流出しました。もともと眉山は 3 千年から 5 千年前につくられた溶岩ドーム（粘性の高いマグマが盛り上がってできたドーム状の高まり）でした[*2]。

＊1　噴火の間には火山によって期間が異なる休止期（多くは数十年から数百年）がある。
＊2　そのとき起こった大津波が対岸の肥後（現在の熊本）にも押し寄せ、大きな被害をもたらした。この一連の大災害のことを「島原大変肥後迷惑」とよんでいる。「大変」は大事件という意味で、「迷惑」とは津波被害のことを表している。

●1990年に発生した噴火

1990年11月17日未明に開始した噴火は、4年2カ月におよびました。噴火は198年ぶりのことでした。

この噴火のとき、二酸化ケイ素成分を多く含んだ粘性の高いマグマを多く噴出しました。マグマにねばりがあるため、溶岩は固まって、噴火口から顔を出して溶岩ドームをつくり、マグマが上がってきてドームは成長を続けました。

溶岩ドームの大きさは普賢岳東斜面に迫り出した溶岩ドームの先端を基底にすると約500mで、最大直径は約1kmに達し、普賢岳山頂部の山容を大きく変えました。

●溶岩ドームの崩壊による火砕流

上昇してくるマグマによって溶岩ドームは押し出されて不安定になり、ドームの先端は崩壊し、火山ガスと混じり合って火砕流を発生しました。

最初の火砕流は1991年5月24日で、最大の人的被害を出したのは6月3日の火砕流によるもので、死者43人でした*3。

これを受け、6月7日に、人が住む地域で初めて災害対策基本法に基づく警戒区域が設定されました。

6月8日19時51分に、溶岩ドームが再び地すべり的に再崩壊して火砕流が起こりました。この火砕流によって、207棟（うち住家72棟）が焼失しました。

しかし、この区域には、前日に警戒区域が設定され、住民全

---

*3　被災後に遺体で発見された人はいずれも著しい熱傷（全身3〜4度の火傷）を負っていた。死亡したのは報道関係者が16人、次いで地元の消防団員12人。ハリー・グリッケンなど米国の火山学者3人も含まれている。また負傷者は9人、焼失建物は179棟（うち住家49棟）。いずれも災害教訓の継承に関する専門調査会報告書（平成19年3月）による。

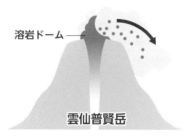

❖ 51-1　雲仙普賢岳の火砕流

溶岩ドームが
崩れて火砕流に

溶岩ドーム ——

雲仙普賢岳

員の避難が完了していたため、死者は出ませんでした。

　普賢岳の噴火活動中、溶岩ドーム崩落型の火砕流が約6千回発生し、そのうち数回は流下距離が4kmを超える大火砕流でした。

　噴火活動が終わってから、この溶岩ドームは「平成新山」とよばれるようになり、いまでは平成新山を見るハイキングコースがあります。

●火砕流という言葉が一般の人に使われるようになった

　雲仙普賢岳の火山災害から、一般の人が火砕流という言葉をよく使うようになりました。実は「火砕流」は、「津波」同様日本語が起源になって、のちに国際的に用いられるようになった科学用語です[4]。火砕流はそのまま英語に訳されて、「パイロクラスティック・フロー」となりました[5]。

＊4　提唱者は、火山学者の荒牧重雄（あらまき・しげお）。
＊5　「パイロ」は「火」、「クラスティック」は「砕ける」、「フロー」は「流れ」。

日本の火山災害の実例：「御嶽山^{おんたけさん}」

2014 年 9 月 27 日に、御嶽山が水蒸気爆発（水蒸気噴火）を起こしました。行楽シーズンの昼時に重なり、死者数は戦後最悪となりました。

●噴火時、頂上付近には登山者がひしめいていた

2014 年 9 月 27 日 11 時 52 分に、長野県と岐阜県の県境に位置する**御嶽山**（標高 3067 m）が噴火しました。

噴火規模としは決して大規模なものではなく、火山灰噴出量は雲仙普賢岳の噴火（1991 年）の 400 分の 1 しかありません。

御嶽山は「日本百名山」のひとつです*1。季節的には紅葉の最盛期で、ちょうど昼食の時間に重なり、多くの人（200 人以上ともいわれる）が頂上付近に到達していました。

噴火は、**水蒸気爆発**です。マグマから岩石を伝わってきた熱で地下水が一気に水蒸気に変わり、その体積変化で爆発したのです。

噴煙であたりは真っ暗になり、その空からまだ熱い**火山れき**（噴火により生じた火山岩片）が降り注ぎました。噴煙高度は火口から最大 7000 m と推定されています。

高所から落下してきた噴石に打たれたり、熱い噴煙に巻かれたり、火山灰に埋まって呼吸ができなくなったりして死者は 58 人、行方不明者は 5 人にのぼりました。日本における火山

---

*1 『日本百名山』は、文筆家・登山家だった深田久弥（ふかだ・きゅうや）による随筆。

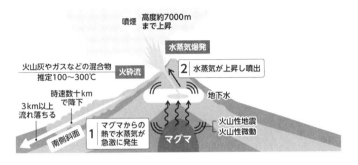

✧ 52-1　御嶽山の噴火

噴煙　高度約7000m
まで上昇

水蒸気爆発

火山灰やガスなどの混合物
推定100〜300℃　火砕流

2　水蒸気が上昇し噴出

時速数十kmで降下

地下水

3km以上
流れ落ちる

南側斜面

1　マグマからの
熱で水蒸気が
急激に発生

マグマ

火山性地震
火山性微動

災害としては戦後最悪なものとなりました*2。

　1997年にほぼ同じ場所で発生した同規模の爆発では1人の死傷者も出ていません。このときは火口が山頂を含む登山道の近傍に開いたことや、秋の行楽シーズン中の土曜日のお昼時であったことなど、悪条件が重なってしまったといえます。

●噴火警戒レベル1だった

　当時、御嶽山は「噴火警戒レベル1」でした。

　噴火警戒レベルは、「火山防災のために監視・観測体制の充実等が必要な火山」として火山噴火予知連絡会によって選定された50火山のうち、48火山（2021年6月現在）で運用されています。火山活動の状況に応じて「警戒が必要な範囲」と防災機関や住民等の「とるべき防災対応」を5段階に区分しています。

---

*2　登山客が巻き込まれたものとしては明治以来最悪だった。

レベル	対象範囲	規模▶火山の状況	住民の行動	登山者らへの対応
5 避難	居住地域およびそれより火口側	**重大な被害が出る噴火** ▼ 起きたか、起きそうな状態	危険な居住地域から避難	——
4 避難準備		**重大な被害が出る噴火** ▼ 起きる可能性が高まっている	避難の準備、災害時の要援護者の避難など	——
3 入山規制	火山から居住地域近くまで	影響が出る噴火 ▼ 起きたか、起きそうな状態	必要に応じて災害時の要援護者の避難準備など	入山規制など
2 火口周辺規制	火口周辺	影響が出る噴火 ▼ 起きたか、起きそうな状態	通常の生活	火口周辺への立ち入り規制
1 活火山であることに留意	火口内など	火山地域の状況による ▼ 火口内で火山灰の噴出がある	通常の生活	特になし

　噴火警戒レベルが3に引き上げられたのは、噴火当日の12時36分で、すでに大惨事が起こってしまっていました。

　火山噴火の前兆現象の火山性微動*3が観測されたのは噴火のわずか10分前ですからしかたがなかったでしょう。

● **火山噴火予知は難しい**

　2000年3月31日に開始した有珠山（北海道）の噴火では、火山性の有感地震が増え始めた3月28日に「噴火の前兆」「噴火の可能性」が発表され、これを受けて周辺市町村では自主避難が始まりました。3月29日には避難勧告が避難指示に変更

＊3　火山特有の振動で、波形や継続時間から地震と区別される。地震は地殻の破壊に対応する現象なのに対し、火山性微動はマグマや水蒸気の流れにともなって発生すると考えられている。

されるなど万全の態勢がとられ、最大で6874世帯、1万5815人が避難指示や勧告の対象となりました。

　火山でマグマが上昇してくると、噴火の前兆現象として火山性微動、火山性地震（群発地震）、山体の隆起などが起こり、地磁気や電気伝導度、火山ガス中の成分などに変化がみられることが多いのです。噴火の予知は、これらを観測することで行っています。

❖52-3　噴火の前兆現象

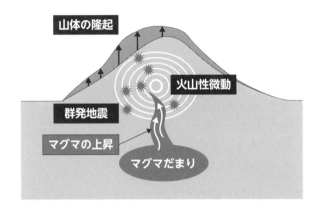

　しかし、御嶽山の場合には、噴火の10分前に火山性微動の観測がされるまで、ずっと噴火警戒レベルは1でした。まだまだ火山噴火の予知は難しいことがわかります。

53 富士山が噴火したらどうなるの?

> 富士山はきれいな円すい形をなし、日本でもっとも標高が高い山です。毎年多くの観光客・登山客が訪れていますが、富士山が活火山であることを忘れてはなりません。

●噴火をくり返す富士山

富士山は、およそ10万年前に生まれたあと、数百回の噴火と何回かの山体崩壊を経て、火山灰と溶岩を何層にも重ねて現在のような美しい成層火山になりました。

❖ 53-1　何層にも重なる富士山

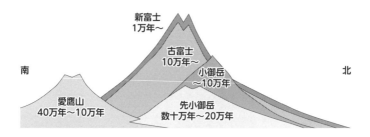

もし、いま富士山が噴火したら、どうなるのでしょうか。

ここでは、2021年3月に改訂された最新の富士山ハザードマップに基づいて、噴火の被害想定を紹介します*1。

＊1　富士山火山防災対策協議会「富士山ハザードマップ（改訂版）検討委員会報告書」（2021年）。https://www.pref.yamanashi.jp/kazan/documents/ 000 -000 .pdf
旧版のハザードマップは過去3200年間の噴火史をもとに作成されていたが、最新版では過去5600年間の噴火史をもとに、より規模の大きな噴火にも対応したものになった。

●予想される噴火

過去の噴火口を調べると、山頂から噴火するだけでなく、山腹斜面で噴火することも多いことがわかります。

噴火の規模もさまざまで、山頂噴火が大きいとは限りません。過去5600年間の噴火で規模が大きく噴出物の多かった噴火は、山腹斜面でのもの（側噴火）もあったのです。

これから噴火する噴火口の場所は、過去の噴火口とそれぞれの噴火規模を網羅するように推定されています。

次は、噴火口から流れ出る**溶岩流**の予想です。溶岩流は、噴出した火口から標高が低い方へ向かって流れます。どこまで

❖ 53-2　溶岩流の想定範囲

■噴火する可能性　■2時間で到達する可能性
■最終的に到達する可能性（最大で57日）

流れるかは、溶岩の粘性と噴出量によります。旧版のハザードマップで桂川に沿って流れる溶岩流は都留市（山梨県東部）付近までの想定でしたが、新版ではさらに下流の上野原市（山梨県最東端）付近まで想定されています。

次は、**火山灰**です。富士山から噴出した火山灰は、偏西風に運ばれて首都圏方面へ飛んでいきます。東京23区では数cmの降灰が予想されています。

噴火の際に火口から飛び出す岩石のかたまりを**噴石**といいます。噴石はその大きさによって飛び方が違ってきます。直径が10cmを超えるような大きな噴石は、火口から放出された速度と角度によって決まる放物線軌道で飛びます。しかし、小さな噴石は風に乗って流されるために遠くまで飛ぶことがあります。

火山ガスと火山灰や岩石片が一体となった粉体流が火山斜面を流れ下る現象が**火砕流**です。一般に火砕流の温度は500℃以上、速度は時速100km以上あります。火砕流が富士五湖に流入すると**水蒸気爆発**を引き起こす可能性があります。

●被害想定

もし富士山が噴火したら、降灰による被害は広範囲におよびます。

火山灰は何かの燃えかす（灰）ではなく、マグマが急冷してできた火山ガラスの破片です。私たちが火山灰を吸い込んで

しまったら、肺の中にとどまり呼吸困難や肺気腫*2 などが発症します。

　火山灰は雪のように見えますが、ガラスでできているので、とけてなくなることはありません*3。また、乾燥すると風で舞い上がり、空気中を漂うことになります。加えて、火山灰には人体に有害な火山ガスが付着していることがあるため、吸い込むと神経障害を発症することもあります。

　火山灰は偏西風に乗って広範囲に飛散し、広く関東や首都圏の交通・通信インフラはもちろん、ライフライン全般に大きな被害をおよぼすことが想定されます。

　火山灰が道路にほんの1mmでも積もると、白線が消えて交通は混乱します。乾燥している火山灰も、泥水となった火山灰も自動車をスリップさせて、通行が困難となります。自動車のエンジンが火山灰を吸い込むと、フィルターが詰まりエンジンは停止します。もしフロントガラスのワイパーを使用したら、ガラスでガラスをこすることになり、フロントガラスは、すりガラスのようになります。

　鉄道では線路切り替えが不能となり交通は大混乱となります*4。

　電線はショートして停電します。コンピューターなどの精密機器に火山灰が入ると、動作不能になる可能性があります。多くの産業活動に影響が出ると考えられます。

---

*2　肺や気管支に生じる炎症で肺胞が破壊されてしまう病気。
*3　水にもとけず、雨水などと混ざると重たい泥水となって下水道を詰まらせる。
*4　飛行機は飛ぶことができず、空港も閉鎖される。もし飛行機が火山灰の中を飛行したら、ジェットエンジンが吸い込んだ火山灰がエンジンの熱でとけて、噴射ノズルで再び冷却されて固体に戻り、噴射ノズルをふさいでエンジンを停止させる。

第4章

命を守る！
災害対策

54 自然災害への最低限の備え

「備え」には、被災したときのための備えと、その後の生活のための備えがあります。いざというときのために、日ごろから準備を怠らないようにすることが大切です。

●長い時間を過ごす場所を把握する

災害は、いつどこで発生するかわかりません。自宅や学校・職場にいるときかもしれませんが、通学・通勤の途中かもしれません。どこでも、いつでも必要な共通の備えがあるとしても、私たち一人ひとりの生活に応じた備えが大切です。

1週間のうち5日間は学校や職場などに行く人が多いでしょう。つまり、週末（休日）よりも平日の災害に備える方が大切です。改めて平日の生活時間を振り返ってみましょう。

自宅にいる時間のうち、睡眠や食事などが半分以上を占めています。自宅のどの部屋にいる時間がもっとも長いか考え、その部屋の安全を確保することが大切です。自宅の次に長い時間を過ごす学校や職場の安全確保も大切です。

●自宅の備え

次に、自宅がある場所の地形や地質（地盤）を確認して、そこではどのような災害が発生しやすいか考えます。自治体から配布されたハザードマップ（災害地図）を参考にします。

同じ場所にあっても自宅（建物）の種類によって災害は違います。高層集合住宅の中層・高層なら、浸水害の心配はいりません。しかし、地震の際には高層ほどゆれが強い傾向にあります。築年数が長くなった低層住宅では、地震による倒壊に対しての備え（耐震診断と耐震補強）が必要です。ブロック塀の補強も大切です。

　自宅内では、とくに地震に対しての備えが大切です。たとえば、家具はしっかり固定して転倒・落下・移動に備え、食器は戸棚の扉にロック機能をつけ、窓ガラスの内側には厚手のカーテンをつけるなどしてガラスの飛散に備えます。寝室内では、枕元に家具や器具が転倒・落下しないように配置します。

　災害直後の避難・ケガ防止のために、寝室やリビングに懐中電灯、メガネ、靴（スリッパ）、ホイッスルなどを置きます。

●避難経路の備え

　災害の種類ごとの避難場所やそこまでの経路の確認など、実際に歩いて、できるだけ安全な経路を確認しておきます。

　災害が発生したとき、家族がそれぞれ別の場所にいても待ち合わせできる避難場所を決めておくことも必要です。

　通学路・通勤路のどこで被災するかわかりません。途中にある公衆電話の場所を確認しておきます。携帯電話とその充電用バッテリー、懐中電灯、公衆電話用の硬貨は常に持ち歩きます。

●被災後の生活のための備え

避難所へ避難する際の持ち出し品は、個人で必要なものが違います。下表を参考に、自分で運べる範囲でまとめておきます。

電気・ガス・水道が止まっていても、倒壊などの危険がなければ自宅で生活します。救援物資が届くまでの間の食料・飲料水は最低限必要です*1。また、ふだんから浴槽には水をためておき、自家用車には燃料をこまめに補給しておきます。

簡易ガスコンロやラップは自宅での食事に役立ちます。食器をラップに包むと洗う必要がありません。

❖ 54-1　非常時の持ち出し品・備蓄品チェックリスト*2

貴重品	
	現金（小銭を含む）※公衆電話用に10円玉、100円玉
	車や家の予備鍵
	予備の眼鏡、コンタクトレンズなど
	銀行の口座番号・生命保険契約番号など
	健康保険証
	身分証明証（運転免許証、パスポートなど）
	印鑑
	母子健康手帳

情報収集用品	
	携帯電話（充電器含む）
	携帯ラジオ（予備電池を含む）
	家族の写真（はぐれた時の確認用）
	広域避難地図（ポケット地図でも可）
	筆記用具

---

*1　最低3日分から1週間分×人数分の食品の家庭備蓄が望ましいといわれている。災害支援物資は3日以上到着しないことや、物流機能の停止によって、1週間はスーパーマーケットやコンビニエンスストアなどで食品が手に入らないことが想定されるため。

*2　日本赤十字社東京都支部『非常時の持ち出し品・備蓄品チェックリスト』をもとに作成。
https://www.tokyo.jrc.or.jp/checklist.html

| 食料など | ☐ 非常食 |
| | ☐ 飲料水 |

便利品 など	☐ 防災ずきんかヘルメット
	☐ 懐中電灯（予備電池を含む）
	☐ 笛やブザー（音を出して居場所を知らせるもの）
	☐ 万能ナイフ
	☐ 使い捨てカイロ
	☐ マスク
	☐ ビニール袋
	☐ アルミ製保温シート
	☐ 毛布
	☐ スリッパ
	☐ 軍手か革手袋
	☐ マッチかライター
	☐ 給水袋
	☐ 雨具（レインコート、長靴など）
	☐ レジャーシート
	☐ 簡易トイレ

清潔・健康 のための もの	☐ 救急セット
	☐ 常備薬・持病薬
	☐ タオル
	☐ トイレットペーパー
	☐ 着替え（下着を含む）
	☐ ウェットティッシュ

その他	☐ 紙おむつ（幼児用・高齢者用など）
	☐ 生理用品
	☐ 粉ミルク・哺乳瓶（赤ちゃんに必要なもの）
	☐ その他自分の生活に欠かせないもの

55 ハザードマップの活用法

全国各地でその土地に応じた災害を対象とするハザードマップ
が作成され、自治体が地域住民に配布しています。将来の災害
に備えて、さらに地域発展のために活用しましょう。

●ハザードマップとは

　ハザードマップとは、それぞれの地域で発生する可能性があ
る自然災害の発生場所や被害の程度と範囲などを地図上にま
とめたものです。ハザードマップは、法律により災害の種別（洪
水、土砂災害、高潮、津波など）ごとに各市町村が作成し住民に配
布しなければならないものです。そのため、みなさんの家に
もきっとハザードマップがあるはずです。

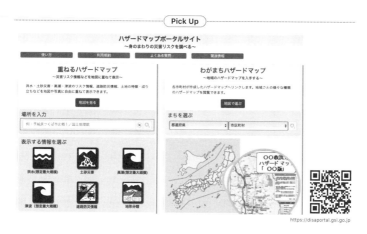

https://disaportal.gsi.go.jp

自然災害が発生する前には、ハザードマップからその土地の被害想定をあらかじめ知ることができるので、避難のシミュレーションをしたり、災害が発生したあとの避難場所を確認したりして、行動指針として活用します。

●ハザードマップの限界

　ハザードマップに示されている災害範囲は有限の広さで示されています。ある場所に引かれた一本の線を境として被害の有無やその程度の違いが示されています。

　しかし、住宅地図とは異なり、ハザードマップの縮尺は小さいため、個々の建物を読みとるほどの精度はありません。また、想定された災害を地図上に表したものであり、必ずその通りに災害が生じるとは限りません。ハザードマップ上で災害範囲からはずれていても油断しないでください。

●津波ハザードマップ

　津波ハザードマップを作成するには、津波を起こす断層運動がどこでどのように引き起こされるのかを想定しなければなりません。その上で、津波の遡上、浸水域と浸水深などを計算します。

　想定に想定を重ねたのが津波ハザードマップですが、防災・減災・避難を考える際の参考資料と捉え、最後は自分で考えて臨機応変に行動しなければなりません。地震や津波はくり

返し発生するので、歴史時代の津波被害を考慮して津波ハザードマップを読むことが大切です。

●水害（洪水）ハザードマップ

大雨や急激な雪どけ、高潮などによって、河川水・湖沼水・海水が増量してあふれ出すことを洪水といいます。**洪水ハザードマップ**は、これまでの最大降水量と最大流量、100年に一度の確率値などを整理して、何カ所かの堤防が決壊したときの氾濫シミュレーションをもとに作成されます。メッシュごとに浸水深が定量的に表示されます。しかし、この浸水深は最大規模の洪水のときの想定であり、毎回の浸水深ではないことに注意が必要です*1。

●土砂災害ハザードマップ

土砂災害は、土砂が斜面を移動して生じる災害で、3つに分類されています。1つめは、傾斜が30度以上の土地が崩壊する「**急傾斜地の崩壊**」、2つめは山腹が崩壊して生じた土石や渓流の土石が水と一体となって流下する「**土石流**」、3つめは土地の一部が地下水に起因してすべる「**地すべり**」です。

急傾斜地の崩壊の警戒区域は、土地の傾斜角と傾斜地の高さによって指定され、土石流では発生の恐れのある渓流の扇頂部から下流で傾斜が2度以上の場所、地すべりではいわゆる地すべり区域が警戒区域です。

---

*1　洪水の浸水深は、その土地の微地形（自然堤防、後背湿地など）や土地利用（田んぼ、沼など）によって異なる。そのため避難経路の判断などで考慮することが求められる。

急傾斜地の崩壊	土石流	地すべり
地面にしみ込んだ雨水で軟らかくなった土砂が、斜面から突然崩れ落ちる現象。（がけ崩れ）	谷や斜面にたまった土や砂、石などが大雨による水とともに一気に流れ出す現象。	比較的ゆるやかな斜面が地下水等の影響でゆっくりとすべり落ちる現象。

●火山ハザードマップ

　火山のハザードマップには２種類あります。1つは、火山災害対策に従事する人々を対象とするもので、噴火現象と噴火規模ごとに現象範囲を地図に示した「**火山ハザードマップ**」です。もう１つは、一般住民を対象とするもので、代表的な噴火現象の範囲を地図に表し、噴火現象の解説や避難場所・避難経路などを加えた「**火山防災マップ**」です。

　火山ハザードマップでは、火口位置や各種噴出物（溶岩、火砕流、火山灰、噴石など）の範囲が示されています。しかし、ひとたび発生すると大災害になる「岩屑なだれ*²」はほとんどの火山ハザードマップで示されていません。火山の周辺に暮らす人は過去の噴火で岩屑なだれが発生していないか確認することをおすすめします。

　また、日本には現在 111 の活火山がありますが、ハザードマップが整備されているのは 37 火山にすぎないことも注意しましょう。

＊２　低温の火砕流。火山噴火や地震などによって火山体が大規模に崩壊し、斜面を高速で流下する現象。

気象庁は対象となる現象や災害の内容によって、6種類の特別警報、7種類の警報、16種類の注意報、4種類の早期注意情報（警報級の可能性）を発表して、警戒をよびかけています。

●避難情報のポイント（警戒レベル5段階）

　災害を防ぐための情報には、気象庁が災害の恐れがある気象状況を知らせる警報などの**防災気象情報**や、市区町村長が災害の危険が迫った地域の住民に対して行う「避難指示」などの**避難情報**があります。

❖ 56-1　防災気象情報と避難情報の役割

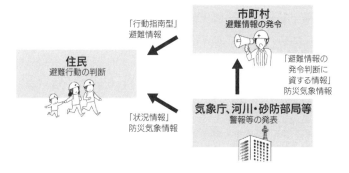

　まず、市区町村から出される避難情報（警戒レベル）について、見ておきましょう。

警戒レベルは、1〜5の5段階に分かれています。

警戒レベル5はすでに災害が発生し、切迫している状況、つまり、すでに安全な避難ができず命が危険な状況です。

警戒レベル4は、高齢者に限らず全員が危険な場所から避難します。そのとき、安全な場所にいる人は、避難場所に行く必要がありません。

❖ 56-2　5段階の警戒レベル

警戒レベル	避難情報	住民がとるべき行動	情報発信源
警戒レベル **5**	緊急安全確保	命の危険　直ちに安全確保！	市町村が発令
〈警戒レベル4までに危険な場所から必ず避難！〉			
警戒レベル **4**	避難指示	危険な場所から全員避難	
警戒レベル **3**	高齢者等避難	危険な場所から高齢者等避難 障害のある人も含むそれ以外の人も自主的に避難をしたり、ふだんの行動を見合わせ始めたり、避難準備をしたりする	
警戒レベル **2**	大雨・洪水・高潮注意報	避難に備え、ハザードマップなどにより 自らの避難行動を確認	気象台が発表
警戒レベル **1**	早期注意情報	防災気象情報などの最新情報に注意するなど 災害への心構えを高める	

● 「特別警報」「警報」「注意報」の違い

防災について適切に考えていくには、気象庁が発表する防災気象情報をうまく読みとることが必要です。よくニュースなどでも「注意報」「警報」「特別警報」などの単語が出てきますが、これらの違いを知っておきましょう。

✣ 56-3 「特別警報」「警報」「注意報」の違い

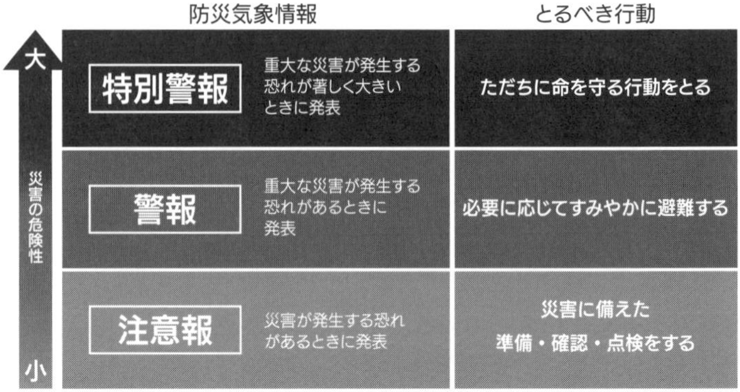
防災気象情報
とるべき行動
大
小
災害の危険性
特別警報
重大な災害が発生する恐れが著しく大きいときに発表
ただちに命を守る行動をとる
警報
重大な災害が発生する恐れがあるときに発表
必要に応じてすみやかに避難する
注意報
災害が発生する恐れがあるときに発表
災害に備えた
準備・確認・点検をする

注意報は、大雨、暴風、高潮などの自然災害が発生する恐れがある場合に、気象庁が注意喚起を促すために発表する予報です。

警報は、重大な災害が発生する恐れのあるときに警戒をよびかけて行う予報です。

特別警報は、警報の発表基準をはるかに超える数十年に一度の大災害が起こると予想される場合に発表し、対象地域の住民に対して最大限の警戒をよびかけるものです。

これらは発表の対象となる種類が異なります。気象庁では6種類の特別警報、7種類の警報、16種類の注意報が発表されています。

なお、「特別警報」には以下の2つのパターンがあります。

❖ 56-4 「特別警報」「警報」「注意報」の種類

特別警報	大雨・暴風・高潮・波浪・大雪・暴風雪
警報	大雨・洪水・暴風・高潮・波浪・大雪・暴風雪
注意報	大雨・洪水・強風・高潮・波浪・風雪・大雪・融雪・雪崩・着雪・着氷・低温・霜・雷・濃霧・乾燥

「大雨・暴風・高潮・波浪・大雪・暴風雪」と「地震・津波・噴火」です。

「大雨・暴風・高潮・波浪・大雪・暴風雪」では、警報の基準をはるかに超える危険度の高いものを、「大雨特別警報」「暴風特別警報」のように「○○特別警報」といった名称で発表します。

「地震・津波・噴火」では、それぞれ以下のように危険度が非常に高いレベルのものを「特別警報」として位置づけます。発表は、「**緊急地震速報（警報）**」「**大津波警報**」「**噴火警報（居住地域）**」という名称で行われます*1。

ニュースでよく見かけるのは、注意報、警報、特別警報の順ですが、もっとも重大なのは特別警報の場合です。

ただし、特別警報が発表されていないからといって過小評価

---

*1 地震は、緊急地震速報（警報）のうち震度6弱以上のゆれを予想したもの。津波は、高さが3mを超えると予想される場合に「大津波警報」。噴火は、「噴火警報（居住地域）」（噴火警戒レベル4または5）、噴火警戒レベルを運用していない火山では「噴火警報（居住地域）」。

❖ 56-5　地震・津波・噴火の特別警報

現象の種類	基準
地震 （地震動）	**震度6弱以上の大きさの地震動が予想される場合** 緊急地震速報（震度6弱以上）を特別警報に位置づける
津波	**高いところで3ｍを超える津波が予想される場合** 大津波警報を特別警報に位置づける
火山噴火	**居住地域に重大な被害をおよぼす噴火が予想される場合** 噴火警報（居住地域）を特別警報に位置づける

することはできません。たとえ特別警報が発表されていなくても大きな災害が発生する可能性は十分にあるので、注意が必要です。

　私たちは、特別警報が出るのをただ待つのではなく、注意報・警報段階で、災害の状況を冷静に判断して、避難ルートを確認したり、早めに避難したりすることが重要です。

●早期注意情報（警報級の可能性）

　警報は、災害に結びつくような激しい現象が発生する3〜6時間前のタイミングで出るのが基本です（ただし短時間の強雨については2〜3時間前）。よって、明日・明後日といった先のことについて判断するために使える情報ではありません。そこで導入されたのが、警報級の現象が5日先までに予想されているときには、その可能性を示す「**早期注意情報（警報級の可能性）**」です。

早期注意情報は、［高］［中］の２段階で発表しています。警報級の現象は、ひとたび発生すると命に危険がおよぶなど社会的影響が大きいため、可能性が高いことを表す［高］だけでなく、可能性が高くはないが一定程度認められることを表す［中］も発表しています。

●キキクル（大雨・洪水情報の危険度分布）

　気象庁から市町村単位の警戒レベル相当の情報が出されると、地域の状況がスマートフォンでわかる**キキクル**（大雨による災害発生の危険度の高まりを地図上で確認できる「危険度分布」の愛称）で確認することができます＊2。

❖ 56-6　キキクルとは？

3つの災害 の危険を

　🪨 土砂災害　　　🏠 浸水害　　　〰 洪水災害

5つの色 で地図上に表示

■	極めて危険	・・・・・・	もう逃げることが難しい
■	非常に危険	・・・・・・	（土砂・洪水）警戒レベル4に相当する状況
■	警戒	・・・・・・	（土砂・洪水）警戒レベル3に相当する状況
■	注意	・・・・・・	（土砂・洪水）警戒レベル2に相当する状況
□	（色がついてなくても）・・		今後の情報などに留意

リアルタイムの危険度を表示

10分ごとに更新

＊2　「キキクル」で検索し、住所を登録しておくとその地域が危険になったら情報を自動的に通知する。「土砂キキクル」「浸水キキクル」「洪水キキクル」がある。

地震大国の日本では、地震の発生は避けて通ることができません。大地震による被害を最小限にするために、住宅の補強や家具の固定などの対策が必要です。

●**地震による住宅被害**

　地面がゆれるとそこにある住宅もゆれます。地震動の卓越周期と建物の固有周期が一致すると共振現象によって建物のゆれが強く大きくなります。

　たとえば平屋建てや2階建て住宅の固有周期は、一般に0.1〜0.15秒ほどです。内陸直下型地震で発生する地震波の卓越周期も同じくらいなので、1995年兵庫県南部地震（阪神・淡路大震災）では平屋建てや2階建ての木造住宅に被害が集中しました。

　なお、住宅の形状によって固有周期が異なること、住宅が建っている地盤の性質によって地震波の卓越周期が異なることなどから、住宅の被害予想は単純に決められるものではありません。私たちにできる防災・減災対策は、専門家による住宅の耐震診断と耐震補強、家具の固定といったことが基本的なことになります。

　とくに、**建築基準法が改正された1981年6月よりも前に建てた住宅は地震のゆれに弱い可能性がある**ので、耐震診断

の受診をおすすめします*1。1981年6月以降に建てた住宅でも、災害にみまわれた既往歴があったり、増改築をしたことがあったりすると住宅本来の耐震強度が損なわれている場合もあるので注意が必要です。

木造住宅の耐震補強方法には、玉石基礎*2の場合は布基礎*3にかえたり、壁には筋交いを入れたり、構造用合板を張ったりします。壁が少ない場合は壁の量を増やします。

●家具の固定

地震のゆれで住宅が倒壊しなくても、家の中で家具や器具が転倒・散乱したり家具のガラスが割れて飛び散ったりすると、逃げ道がふさがれて、逃げ遅れたりケガをしたりします。1995年兵庫県南部地震では、倒れた家具の下敷きになって逃げ遅れるケースが多くありました。地震への防災対策として、家具の固定の重要性が理解できます。

固定されていない家具は、住宅のゆれにともなって動きます。洋服ダンスや冷蔵庫など高さのある家具・電気製品は、前後にゆれながら床を移動するロッキング移動をすることがあります。食器棚や整理ダンスなど積み重ねた家具の上の部分、台の上に置いたテレビ、電子レンジなどが落下したりジャ

---

* 1 　国土交通省住宅局 監修『誰でもできるわが家の耐震診断』（日本建築防災協会リーフレット）参照。http://www.kenchiku-bosai.or.jp/files/2013/11/wagayare.pdf
* 2 　20 〜 30 cm 以上の石（玉石）の上に柱を建てる基礎。
* 3 　逆Ｔ字の鉄筋コンクリートが、連続して設けられた基礎。

ンプしたりすることがあります。

　家電製品を固定するときには、むやみに固定金具を取り付けることができません。販売店やメーカーに固定方法を問い合わせましょう＊4。

　一般的な家具は、住宅の柱、鴨居、壁などに固定して、建物と家具が一体となって動くようにします。柱や鴨居のない最近の木造住宅では壁を使います。たいていの壁の内側には桟（さん）が入っています。その桟と家具をL字金具などで固定します。

　なお、集合住宅に使われている防露壁には桟が入っていないので、家具を壁に固定することはできません。壁にはいろいろな種類があるため、リフォーム店などの専門家に相談することをおすすめします。また、分譲の集合住宅であっても隣との境界壁や外に面する壁は共用部分とされていることが多く、勝手に金具を取り付けることはできないので、管理組合に確認しましょう。

●倒れにくくする工夫

　家具や本棚に物を入れる場合、重たいものを下に入れて重心を低くすることが大切です。食器棚には滑り止めのゴムシートを敷くと食器が滑りにくくなります。大きな地震のあとは、余震に備えてタンスなどの一番下の引き出しを手前に出しておくと転倒防止になります。

＊4　ピアノの固定もメーカーに問い合わせること。専用の固定用具が準備されていることがある。

✤ 57-1 転倒防止策のヒント

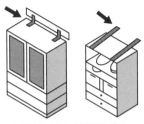

L字金具やベルト式器具などで、
家具を壁に固定する

ストッパー式器具で、
家具を壁側に傾斜させる

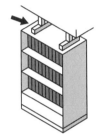

天井との間のつっぱり棒などで、
家具を固定する

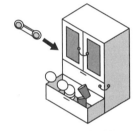

引き出しや空き扉には、
飛び出し防止器具を取りつける

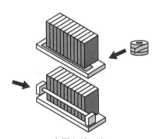

本棚などには、
落下を防ぐ抑制テープや器具を取りつける、
またはすべり止めシートを敷く

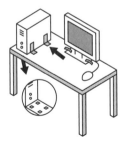

PC機器類は、
粘着マットやストラップ式器具で
机に固定する

58 建物の耐震基準と耐震化の対策

地震の正確な発生時刻を予知することや、発生を防ぐことはできませんが、備えがあれば被害を最小限に抑えることができます。そのひとつとして、建築物の耐震化は有効な手段です。

●現在の耐震基準は1995年兵庫県南部地震がきっかけ

1995年に起きた兵庫県南部地震（阪神・淡路大震災）では、亡くなった方の大部分が家屋や建築物の倒壊によるもので、現在の耐震基準を満たさない1981年以前の建築物に被害が集中していました[1]。

わが国では、過去の震災を教訓として、建築基準法[2]など地震に対する法的な取り組みが強化されてきました。耐震基準とは、一定の強さの地震が起きても倒壊または損壊しない建築物が建てられるよう、建築基準法が定めている基準のことです。

❖ 58-1　耐震基準と法律の変遷

---

* 1　約52万棟にのぼる建築物が被害を受け、うち約10万棟が全壊、約14万棟が半壊した。被害を受けた建物の9割は住宅で、それ以外の約5千棟では学校や病院などの公共施設の被災が目立った。
* 2　建築物の敷地、構造、設備、用途に関する最低の基準を定め、国民の生命、健康、財産の保護を図ることを目的とする法律。

- 旧耐震基準（1981 年 5 月 31 日まで）：震度 5 強程度の地震でほとんど損傷しないことを規定
- 新耐震基準（1981 年 6 月 1 日以降）：震度 5 強程度の地震でほとんど損傷しないことに加えて、震度 6 強〜 7 に達する程度の地震で倒壊・崩壊しないことを規定
- 強化後新耐震規準（2000 年 6 月 1 日以降）：「壁のバランスをよくする」などの規定を強化（1995 年の兵庫県南部地震では壁の量は十分でも配置が偏った木造住宅に被害が出たことから）

●地震に強い建物に

　耐震補強がされている建物や耐震構造の建物でも、地盤が悪ければ強い地震で大きくゆれます。よい地盤の上に、耐震性の高い建物を建てることが重要です。

　地震に対する建物の抵抗力は、構造設計、施工技術、維持管理の状況によって大きく差が出ます。

　設計は強化後新耐震基準に適合していても、施工技術が未熟だったり、ひどい場合には手抜きがあったりすれば、設計通りの耐震性は確保できません。

　老朽化などに起因して、腐って形が崩れたり、シロアリの被害などによる強度不足が生じたりするメンテナンス不足も大きな問題です。建物の維持管理をきちんと行っていくことが重要です。耐震性が不十分な建物は、建て替えや耐震改修が必要です。

安全な水の確保と簡易ろ過の方法

> 人間は何も食べなくても水さえあれば 2 ～ 3 週間は生きられま
> す。衛生的な水は、飲んだり傷口を洗ったりするのに使えます。
> 災害時の水は、もっとも重要なライフラインです。

●水を飲まないと…

　私たちの体の水の割合は、ふつう成人男子で体重の約 60 ％、
女子で約 55 ％です。体の水のだいたい 20 ％が失われると死
に至ると考えられています。

　食事もとらず水も飲まないと、尿や汗、不感蒸泄（皮ふ表面か
ら出す水蒸気）で体内の水分は減っていき、1 週間くらいで死に
至る危険があります＊1。逆に食事をとれなくても、**水が飲め
れば 2 ～ 3 週間生きられます**から、水は生命にとってとても
大切な物質なのです。

❖ 59-1　**体内の水分量の減少で起きること**

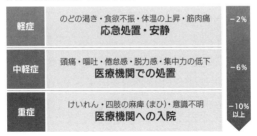

軽症	のどの渇き・食欲不振・体温の上昇・筋肉痛 **応急処置・安静**	−2%
中軽症	頭痛・嘔吐・倦怠感・脱力感・集中力の低下 **医療機関での処置**	−6%
重症	けいれん・四肢の麻痺（まひ）・意識不明 **医療機関への入院**	−10% 以上

＊1　高齢者など体力・抵抗力が低下している場合には 1 日から 2 日でも危険になる場合もあ
る。

さらに水は飲用以外にも、トイレ用の水、手洗いや歯磨きに使う水、食器を洗うのに使用する水なども必要です。

●安全な水とは病原微生物や有毒物質を含まない水

安全な水は、病原性を持った細菌・カビ・ウイルス、有毒な物質を含んでいない水です。

水道水は、地表水（河川・ダム湖・湖沼など）・伏流水・地下水などをもとに、浄水場でそのような水をつくり、最後に消毒用の塩素を加えて各家庭に供給されているものです。

しかし、災害時には、水道水の供給が止まることがあります。

ここでは、そんなとき、とくに飲み水の確保に絞って考えてみましょう。

まずは殺菌をきちんとすれば飲める水を確保します。井戸水、何らかのかたちで貯めた雨水、河川の水、避難所となった学校のプールの水などです。

にごりのある水なら簡易ろ過をします。次ページの図のようにペットボトル（500 mL 以上がよい）の底を切り取って逆さまにして、下からティッシュペーパー（あるいは布）、砂、ティッシュペーパー（あるいは布）を入れていきます[2]。

これでは目に見える混入物やにごりが取れるだけで、水にとけている病原微生物は基本的には取り除けません。病原微生物が含まれている可能性のある水は、煮沸するのが一番です。鍋に水を入れて泡立ってから5分以上煮立てればOKです[3]。

---

[2] コーヒーフィルターやタオルなどでもよい。砂はよく洗ったもの。砕いた炭の層を加えてもよい。

[3] 次亜塩素酸ナトリウムを成分とする塩素系漂白剤を入れて消毒することも可能だが、濃度調整が面倒なのでここでは省略。

❖ 59-2　簡易ろ過の方法例

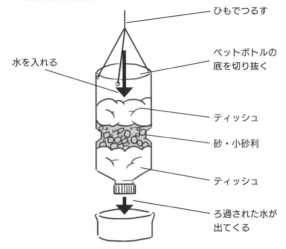

ひもでつるす

水を入れる

ペットボトルの
底を切り抜く

ティッシュ

砂・小砂利

ティッシュ

ろ過された水が
出てくる

●ペットボトル水の備蓄

　ペットボトル水（ミネラルウォーター）を備蓄*4 している人も
いることでしょう。

　そこで気になるのが「賞味期限」です。賞味期限は、賞味期
間（包装されたときの品質を保ち、安全でおいしく食べられる期間）とほ
ぼ同じような意味です。

　実は日本では、賞味期間が3カ月以上あれば、賞味期限の日
付を省略することができます。未開封で冷暗所に保存されて
いたペットボトル水（ミネラルウォーター）はどれも3カ月以上
の賞味期間があるので、賞味期限をつけなくてもいいのです。

＊4　飲料水は一人1日につき3リットルが目安で、3日分の備蓄が推奨されている。

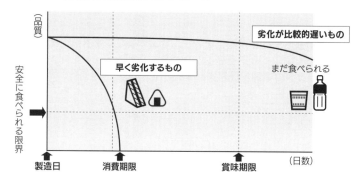

❖ 59-3　賞味期限と消費期限の違いのイメージ

（品質）

劣化が比較的遅いもの

早く劣化するもの

まだ食べられる

安全に食べられる限界

製造日　　　消費期限　　　　　賞味期限　　（日数）

それでも賞味期限をつけるのは、容器からわずかずつ水が蒸発していって量が変わり、ラベル表示の量と変わっていくからです[5]。それを気にしなければ何カ月も何年も備蓄したものでも飲用可能です。

　かつてペットボトル水（ミネラルウォーター）にカビなどの異物が認められて問題になったことがありますが、その後製造時の衛生状態を改善してからは問題が起きたことはありません。基本的に病原微生物が含まれていることはなく、**密閉されていればその混入はないので何年ももつ**のです。

　使用済みのペットボトルを水道水および少量の次亜塩素酸ナトリウムを成分とする塩素系漂白剤で消毒後、1週間ほど保管してから中身を捨て、水道水で内部を洗ってから、水道水を入れて密栓をしたものを備蓄するという方法もあります。

---

[5]　水に賞味期限があるのは、計量法のため。記載された内容量よりも少ないと、計量法に抵触してしまうため、記載された内容量を守れる期間として記載されている。そのため一般的に「おいしく飲食できる期間」とは意味が違うことになる。

60 震災後のパニック対策

地震に限らず災害が発生すると、さまざまな不安感や危機感に襲われます。その不安感などを増大させてパニックを引き起こさないためには災害に対する事前の備えが大切です。

●パニック買い

近年の大地震による災害時には、町の小売店、コンビニエンスストア、スーパーマーケットなどでさまざまな商品が買い占められ品切れになりました。

このような買い占め現象は「パニック買い」といわれる一種の恐慌現象であり、突発的な激しい恐怖や不安によって引き起こされる個人または集団の混乱した心理状態や、それにともなう錯乱した行動であるパニックのひとつです。

●パニックが起きるしくみ・原因

パニックは、正確な情報を得られない状況に陥った人々が冷静な判断ができなくなったときに発生します。

たとえば大地震のあと、電気・ガス・水道などのライフラインが止まったときに、次のような心理変化を経て発生します。

パニックが発生する心理変化
[1] 自宅にある食料が1日から2日でなくなりそうだと感じる

［2］インスタント食品を買い足せば数日はどうにかなるだろうとみんなが思う

［3］コンビニやスーパーにインスタント食品はあるが在庫は多くないかもしれないと不安になる

［4］テレビが使えず、知人や友人とも相談や協力ができないので現状がわからなくなる

［5］その結果パニックになり、思いつくまま必要以上に、必要のないものまで買う

　群衆パニックは次の条件がそろったときに起きることが知られています。

パニックが起こる条件

［1］緊迫した状況で危険が目前に迫っていると多くの人々が実感すること

［2］その危険から脱出する何らかの方法があると、みんなが信じていること

［3］危険からの脱出方法はあるが、自分が脱出できる保証はないとみんなが不安や危機感を抱くこと

［4］人々の中で相談や協力ができるようなふつうのコミュニケーションがとれなくなって、全体の状況を把握できなくなること

　一度パニック買いをするとそれ以降、冷静な判断ができなく

なる人が多くなります。すでにたくさん持っているものでも、「心配だから念のため買い足そう」と買い占めに歯止めがかからなくなるのです。

●パニックにならないための対策

一部の人々が始めたパニック買いは、社会全体にパニックを広めるので好ましくありません。本当に困っている人に食料や物資が届かなくなる結果にもなり得ます。パニック買いが広まらないようにするには、一人ひとりが必要なときに必要な分だけを買うようにするしかありません。

パニックを防ぐために注意すること

[1] 不安を高め過ぎないこと

[2] 自分だけでなく周囲の人のパニック行動を制止して、パニックの
　　 きっかけを防ぐこと

[3] リーダーをつくり、統制のとれた行動をすること

[4] 他人のことも考えて、自分だけが助かろうとしないこと

[5] 正しい情報のみを迅速に伝えること

とくに「自分さえよければいい」という早い者勝ちの考え方が危険です。恐怖心に負けないで、子どもや高齢者を守ろうと考えるようにします。そうすると、不思議と冷静になり、適切な行動がとれるようになります。

> 自然災害に罹災すると上下水道が断たれたり、居住環境が悪化
> したりと不衛生になる可能性が高まります。とくに避難所生活
> では病原細菌やウイルスが蔓延しやすくなります。

● 注意したい感染症の流行

東日本大震災（2011年3月11日）では、発災直後の避難者は約47万人にのぼりました。住み慣れた自宅を離れ、狭い場所に多くの人が暮らす避難所では、季節によってはノロウイルスやインフルエンザウイルスが蔓延しやすくなります。また、睡眠不足や栄養不足、精神的ストレスなどで体力や抵抗力が低下し、さまざまな感染症にかかりやすくなります。

東日本大震災では、幸いなことにノロウイルス感染症やインフルエンザは小流行にとどまったものの、特徴的だったのがレジオネラ症と破傷風でした[1]。

レジオネラ症は2歳から70歳代の患者が出て、津波による汚水を気道に吸入したことが原因と考えられました。レジオネラ症は、土中、池、河川、湖沼などにいるレジオネラ菌を含むエアロゾルやほこりを吸入することで感染し、肺に入ると肺炎を起こします[2]。

破傷風は、50歳から80歳代の高齢者に患者が多く出ました。外傷による傷口からの感染でした。破傷風は、世界中の土壌

---

[1] ほかにも真菌（カビの仲間）や嫌気性菌による感染症、汚染水に含まれる重油や化学薬品による化学性の肺炎も重なった「津波肺（津波肺炎）」とよばれる状態になる場合があり、東日本大震災では患者4人中3人が死亡した。

[2] 症状は、発熱、筋肉痛、咳、胸痛、呼吸困難、下痢など。

や動物の腸内、そして糞便中にいる破傷風菌が傷口から芽胞（耐久性のある状態）の形で体内に侵入することで感染します*3。

●避難所において考慮すべき感染症

避難所では、風邪をはじめ次のような感染症がみられます。

避難所でまず考慮する疾患と主な症状

急性上気道炎	：	鼻汁、咽頭痛、咳嗽（せき）、頭痛、倦怠感など
インフルエンザ	：	急激な発熱、鼻汁、咽頭痛、咳嗽、頭痛、倦怠感など
肺　　　　炎	：	頑固な咳嗽、膿性喀痰、呼吸困難感、チアノーゼなど
結　　　　核	：	頑固な咳嗽、喀痰（たん）、倦怠感、血痰など
膀　　胱　　炎	：	頻尿、排尿時痛など
感染性胃腸炎	：	嘔吐、下痢、腹痛、発熱など
食　　中　　毒	：	集団で発生する嘔吐、下痢、腹痛、血便など

●感染予防のための8カ条

災害時には、感染症の拡大リスクが高まります。震災後はライフラインが断たれて流水による手洗いができない上、トイレで汚物を流せず、おむつの処理もままならないので不衛生な状態になる可能性が高いです。

狭い場所に多くの人が暮らすので、細菌やウイルスによる感染症が蔓延しやすくなります。飛沫感染や空気感染に注意して、手洗いや咳エチケットなどを行いましょう。

---

*3　症状は、開口障害、全身けいれん、全身の筋肉の硬直など。

【感染予防のための8カ条】[4]

〜可能な限り守っていただきたいこと〜

[1] 食事は可能な限り加熱したものをとるようにしましょう

[2] 安心して飲める水だけを飲用とし、きれいなコップで飲みましょう

[3] ごはんの前、トイレの後には手を洗いましょう（水やアルコール手指消毒薬で洗ってください）

[4] おむつは所定の場所に捨てて、よく手を洗いましょう

〜症状があるときは〜

[5] 咳が出るときには、飛沫を周囲に飛ばさないように口を手でおおいましょう（マスクがあるときはマスクをつけてください）

[6] 熱っぽい、のどが痛い、咳、けが、嘔吐、下痢などがあるとき、とくにまわりに同じような症状が増えているときには、医師や看護師、代表の方に相談してください

[7] 熱や咳が出ている人、介護する人はなるべくマスクをしてください

[8] 次の症状がある場合には、早めに医療機関での治療が必要かもしれません。医師や看護師、代表の方に相談してください

  ・咳がひどいとき、黄色い痰が多くなっている場合

  ・息苦しい場合、呼吸が荒い場合

  ・ぐったりしている、顔色が悪い場合

※とくに子どもやお年寄りでは症状が表れにくいことがありますので、まわりの人から見て何かいつもとようすが異なる場合には連絡してください

---

[4]　東北大学大学院医学系研究科 感染制御・検査診断学分野、臨床微生物解析治療学、感染症診療地域連携講座、東北感染制御ネットワーク（2011年3月17日）を参照。

避難生活のストレスとその解消法

自然災害のあとに少なくないのが、避難生活をする中でのストレスによる「災害関連死」です。東日本大震災では 3767 人[1] にのぼっていて無視できない問題です。

●避難生活のストレス

自然災害等で被災し自宅に住むことができなくなると、避難所などでの避難生活（集団生活）を余儀なくされ、いつまで続くのか先がなかなか見えません。避難生活にストレスがつきまとうことは、容易に想像できます。ストレスとなる原因は衣食住やトイレ、プライバシーの問題などのほかにも、家族や友人、自宅、仕事などを失った喪失感・絶望感なども重なります。

●避難所の生活環境

避難所では、公平・公正な運営が必要です[2]。

なかでもトイレの問題は重要です。とくに水がない場合は、排せつ物を新聞紙や段ボールなどに詰めることになります。水がないと手を洗うことができずに、避難所の衛生状態が悪化し感染症の蔓延が心配されます。そのため、できるだけトイレに行かないようにしようと水分補給や食事を控えると、血行障害によるエコノミー症候群の発生、免疫力の低下など体調を崩すことがあります。

---

[1] 復興庁発表、2020 年 9 月 30 日現在。
[2] たとえば、トイレの掃除当番をどうするか、電気コンセントの使用方法、暖房器具の使用方法など、いちいちルールをつくる必要がある。

おにぎりやパンなどの炭水化物に偏りがちな避難所の食事ですが、できるだけ栄養バランスに気を配りたいものです。

　運動不足も問題です。避難所の中の狭い空間でじっとしていると血流が悪くなり、エコノミー症候群を発症する可能性があります。ストレッチ運動やマッサージなどを欠かさないようにします。十分な睡眠をとることを意識し、お酒やたばこなどに頼らないように気をつけ、間仕切りでプライバシーを確保することが重要です。プライバシー保護や防音のためには、自家用車の中で寝泊まりすることも有効です＊³。

●積極的なストレス解消

　避難所での一般的なストレス解消には運動やおしゃべりが有効です。一人で無理をして頑張らず、困ったこと、つらいことがあるときは、感情を抑え込まずに身近な人や専門家に相談します。

　より積極的なストレス解消には避難所の運営に自ら関わることが効果的です。避難所にいるみんなで役割分担をして、それぞれがよりよい避難所生活の場をつくることに携わることがストレスを軽くします。

　被災者一人ひとりの力を発揮できる場がつくられ、新たな生活に向かって現実を受け入れることができたとき、被災者の無力感・抑うつ傾向・ストレスは弱まり、心のケアは必要なくなります。

＊3　狭い車中ではエコノミー症候群や一酸化炭素中毒の危険性があるため、車中泊を長時間継続することは避けます。車中泊する場合には、シートを倒して寝返りできるようにすること、エンジンをかけっぱなしにしないことが大切。

63 知っておくべき津波への備え方

東日本大震災で改めて思い知らされたのが津波の恐ろしさです。津波は正しい判断で迅速に避難することが大切です。いざというときに命を守ることができるように対策しておきましょう。

●津波ハザードマップ

まずは自宅や日常生活で行動する範囲の津波に対する危険度を確認することから始めましょう。自治体の**津波ハザードマップ**は、浸水域や避難場所、避難経路などの情報を確認することができて便利です。

ハザードマップは、国土交通省の**ハザードマップポータルサイト**から確認することができます。

・自宅や自分がよく行く場所、職場や学校などの標高や海からの距離などを確認して、それぞれの場所でどういった行動をとればよいのかシミュレーションしよう

・近所にある高い場所や、高くて頑丈な建物を確認したり、そこまでの安全な経路を確認しよう

・家族が離れた場所で被災した際に、落ち着いてから落ち合える安全な集合場所や、連絡方法を決めておこう

●津波に注意する場所

津波の危険がある場所は、海の近くや、川沿いです。

海岸付近が危険なことは明らかですが、さらに地形によって津波の高さが予想よりも、さらに高められる場合もあります。奥に向かって狭く浅くなっている湾や、岬などは津波がそこに向かって集まるような効果があるのでより注意が必要です。

とくに川沿いは海から奥まった場所であっても、津波が川をさかのぼってくる場合があるので、油断しないことです[*1]。

❖ 63-1　津波からの避難のポイント

津波が予想されたらすぐに高い場所に避難！

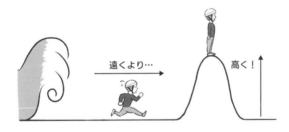

遠くより…　　高く！

●津波の発生を知る方法

津波の発生を知る方法として気象庁の発表する津波情報があります。地震発生後、3分を目安に津波が発生する恐れのある場合に発表されます。

津波被害の想定される場所で、これらの情報に触れることが

[*1]　北上川は、岩手県・宮城県を流れて、石巻湾に流れ込む河川。東日本大震災では、津波が北上川の河口から12kmの付近まで被害を与え、49km付近にまで到達した。

できない状況があったときや、震源が近くて津波の到達時間が津波情報より早い場合がないとも限りません。そういった場合は、大きなゆれを感じた場合はもちろん、小さくても長く続く振動があった場合には、津波の発生を疑って情報を待たずにすぐに避難しましょう＊2。

✥ 63-2　津波警報・注意報

	予想される津波の高さ		とるべき行動
	数値での発表 （津波の高さ予想の区分）	巨大地震の場合の発表	
大津波警報	10m 超 （10m～）	巨大	沿岸部や川沿いにいる人は ただちに高台や避難ビルなどの 安全な場所へ避難する とにかく「より高い場所」へ！
	10m （5m～10m）		
	5m （3m～5m）		
津波警報	3m （1m～3m）	高い	
津波注意報	1m （20cm～1m）	表記しない	海の中にいる人はただちに海から上がり、 海岸から離れる

● どこへどう逃げたらよいか

　自宅からの避難する場合は、自治体の津波ハザードマップで指定された緊急避難場所に向かいましょう。地震が起きた際には、避難経路で火災や建物の倒壊などが起こって通れなくなってしまう可能性もあります。事前に複数の避難場所と避難経路を知っておくと、あわてずに対応できます。

　避難は徒歩が基本ではありますが、災害時に確実な正解はな

＊2　1096 年に二陸沖で発生した明治三陸津波の記録では、人が感じたゆれ自体は震度 2 から 3 程度だったものの、死者は約 2 万 2 千人にのぼり、1 万戸以上の家屋に被害があった。

いものと考えた方がいいでしょう。車は混雑すると動けなくなりますし、地震で道路が崩れたり信号が動かなくなったりすると大変危険です。命を守るのにどうしたらよいかは、それぞれの状況に合わせてよく考えてください[*3]。

　津波の危険がある場所には、津波への注意を促す標識があります。津波が来襲する危険のある地域を示した「**津波注意**」、津波でも安全な高台を示す「**津波避難場所**」、津波でも安全な建物を示す「**津波避難ビル**」を目印に避難しましょう。

❖ 63-3　津波標識

津波注意　　　　　　津波避難場所　　　　　津波避難ビル

●知っておきたい津波の知識

　最後に津波から身を守るために知っておきたいことをあげます。これを読むことで危険性への意識を高めてください。

・津波の速さは驚異的

　津波は震源となるような深い海ではジェット機並み、陸に上がってからでさえオリンピックの短距離選手並みのスピードで迫ってくる。

［*3］　実際の災害時の行動研究から、徒歩や自転車の方が危険率が高かったという例も示されている。徒歩での移動が困難な人が身のまわりにいる場合や、避難場所までの距離や地形、ふだんの道路の混雑状況によってとるべき行動は変わってくる。

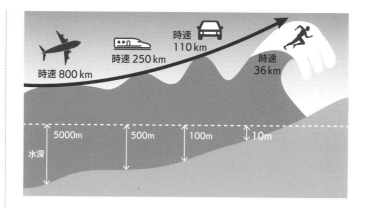

◉津波は水深が深いほど速く、浅いほど遅くなる
◉津波が海岸に見えてから逃げたのでは間に合わない

・**津波はくり返し襲ってくる**

津波は何度もくり返し襲ってくる。また1度目が一番大きいとは限らない。安全な場所に避難したあとは、落ち着いて警報が解除されるなど、安全が確認されるまでとどまること。

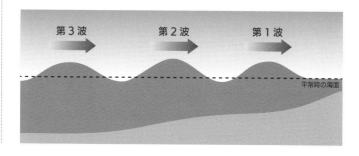

- 始まりが引き波とは限らない

 津波が発生する前には、遠くまで水が引く「引き波」が起きるとする話を聞いたことがあるかもしれない。たしかに津波の前に水が引く場合もあるものの、いきなり大波が押し寄せてくることもある。水が引いていないからといって油断してはいけない。

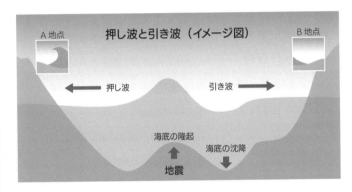

- 海底付近の地震では、海底の隆起と沈降が発生する
- 海底が隆起した場所では「押し波」が、沈降した場所では「引き波」が発生する
- 上図のA地点ではいきなり大波が押し寄せてくる

- 過去の経験をあてにしない

 「最初は海の水が引いて沖まで海底が見えた」「ゆれてから津波が来るまで、ご飯が炊けるくらい時間があった」「近くの湾は被害が出たけれど、うちの方は波が低かった」「3回目に押し寄せた津波が一番大きかった」といった言い伝えや経験談はあてにならない（同じ地震・津波はない）。

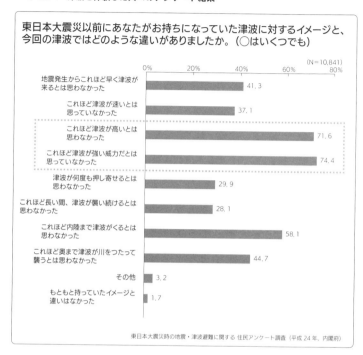

❖ 63-4　津波を体験した人へのアンケート結果

東日本大震災以前にあなたがお持ちになっていた津波に対するイメージと、今回の津波ではどのような違いがありましたか。（○はいくつでも）

(N=10,841)

項目	%
地震発生からこれほど早く津波が来るとは思わなかった	41.3
これほど津波が速いとは思っていなかった	37.1
これほど津波が高いとは思わなかった	71.6
これほど津波が強い威力だとは思っていなかった	74.4
津波が何度も押し寄せるとは思わなかった	29.9
これほど長い間、津波が襲い続けるとは思わなかった	28.1
これほど内陸まで津波がくるとは思わなかった	58.1
これほど奥まで津波が川をつたって襲うとは思わなかった	44.7
その他	3.2
もともと持っていたイメージと違いはなかった	1.7

東日本大震災時の地震・津波避難に関する 住民アンケート調査（平成24年、内閣府）

● 7割超の人が想定外の「高さ」と「強い威力」だったと回答
● もともと持っていた津波のイメージと違いがなかった人は1.7％にすぎない

●緊急速報メール

　気象庁が配信する緊急地震速報や津波警報、特別警報をはじめ、国や各自治体が配信する災害・避難情報を特定エリアの

スマートフォンで受信することができます。これを緊急速報メールといい、設定をしておけばその地域に合わせた通知を受けることができます。概要と設定方法は下記の通りです[*4]。

❖ 63-5 　緊急速報メールのしくみ

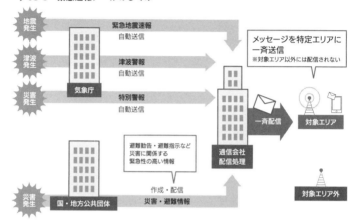

❖ 64-6 　緊急速報メールの設定方法

▶ iPhone の場合
　1．「設定」>「通知」を選択
　2．画面の一番下までスクロール
　3．「緊急速報」を選択し、オン・オフを切りかえる

▶ Android の場合
　1．ステータスバーを下ろし、「設定」を選択
　2．「アプリと通知」>「緊急速報メール」を選択
　3．「アプリの通知」を選択し、オン・オフを切りかえる

＊4　通信各社から提供されていて、受信料・サービス料・申込みは不要。

参考文献

- 浅井冨雄『ローカル気象学（気象の教室）』東京大学出版会、1996 年
- 荒木健太郎監修『ニュートン式 超図解 最強に面白い!! 天気』ニュートンプレス、2020 年
- 岡田義光『日本の地震地図 決定新版』東京書籍、2019 年
- 小倉義光『一般気象学』東京大学出版会、2016 年
- 鎌田浩毅『地球は火山がつくった─地球科学入門』岩波書店、2004 年
- 木村学・大木勇人『図解・プレートテクトニクス入門』講談社、2013 年
- 検定済教科書『地学の世界「1 A」』東京書籍、2000 年
- 国立天文台『理科年表 2020』丸善出版、2019 年
- 佐竹健也・堀宗朗 編『東日本大震災の科学』東京大学出版会、2012 年
- 左巻健男＋「RikaTan 編集部」編『大災害の理科知識 Q&A250』新潮社、2011 年
- 左巻健男編著『怖くて眠れなくなる地学』PHP 研究所、2020 年
- 左巻健男編著『面白くて眠れなくなる地学』PHP 研究所、2012 年
- 竹見哲也　豪雨発生メカニズムをひもとく「豪雨の局地化と集中化のしくみ」 京都大学防災研究所公開講座第 24 回資料、2013 年
- 東京大学地震研究所監修『地震・津波と火山の事典』丸善、2008 年
- 山賀進『科学の目で見る 日本列島の地震・津波・噴火の歴史』ベレ出版、2016 年
- SAMA 企画発行『RikaTan（理科の探検）』誌 「地震・火山」特集号（2015 年 1 月号、2017 年 12 月号）

◇ 論文等
- 梅木康之 (2003) 異常潮位の発生状況とその要因の推定について. 沿岸センター研究論文集 3. https://www.cdit.or.jp/ronbun/2003/H14-5.pdf.
- 河田惠昭 (2005) スマトラ沖地震津波災害. 京都大学防災研究所年報 48A: 203-214.
- 北原正躬，入來正躬，清水剛 (2001) 日本におけるナガサキアゲハ (Papilio memnon Linnaeus) の分布の拡大と気候温暖化の関係. 蝶と蛾 (日本鱗翅学会誌)52(4)：253-264.
- Imada, Y., H. Shiogama, M. Watanabe, M. Mori, M.Kimoto and M. Ishii, 2014: The contribution of anthropogenic forcing to the Japanese heat waves of 2013.Explaining extreme events of 2013 from a climate perspective (S. C. Herring et al. eds.) , Bull. Amer. Meteor.Soc., 95, S52-S54.
- Shiogama, H., M. Watanabe, Y. Imada, M. Mori, M. Ishii and M. Kimoto, 2013: An event attribution of the 2010 drought in the southern Amazon region using the MIROC5 model. Atmos. Sci. Lett., 14, 170-175.

◇ WEB ページ
- 環境省ホームページ　http://www.env.go.jp/
- 気象庁ホームページ　https://www.data.jma.go.jp/
- 国土地理院ホームページ　https://www.gsi.go.jp/
- 国土交通省ホームページ　https://www.mlit.go.jp/
- 地震調査研究推進本部事務局ホームページ　https://www.jishin.go.jp/
- 総務省消防庁ホームページ　https://www.fdma.go.jp
- 津波ディジタルライブラリィ　http://tsunami-dl.jp/
- 内閣府防災情報のページ　http://www.bousai.go.jp/
- 防災科学研究所ホームページ　https://dil.bosai.go.jp/

執筆担当 〔氏名・所属・執筆項目／五十音順〕

大西 光代〔サイエンスライター・翻訳家・博士（水産学）〕
第1章：2、3、5、6、10、11、13、14、15、17、18
第2章：35、40、41　　第4章：63

北川 達彦〔ムシテックワールド・元私立中学高校教諭（地学）〕
第1章：7　　第2章：21、22、23、25、36、37、38
第3章：53　　第4章：54、55、57、60、62

小林 則彦〔西武学園文理中学高等学校教諭・気象予報士〕
第1章：8　　第2章：20、31、32、33、34、39
第3章：45、46、47、48、49

左巻 健男〔東京大学講師・元法政大学教授〕
第1章：1、4、9、12、16　　第2章：19、24、26、27、28、29、30
第3章：42、43、44、50、51、52　　第4章：56、58、59、61

[編著者]

左巻健男 (さまき・たけお)

東京大学非常勤講師。元法政大学生命科学部環境応用化学科教授。『RikaTan（理科の探検）』編集長。

専門は理科教育、科学コミュニケーション。

1949年生まれ。千葉大学教育学部理科専攻（物理化学研究室）を卒業後、東京学芸大学大学院教育学研究科理科教育専攻（物理化学講座）を修了。中学校理科教科書（新しい科学）編集委員。科学のおもしろさを伝える本の執筆や講演活動を行う日々を送っている。

おもな著書に『絶対に面白い化学入門 世界史は化学でできている』（ダイヤモンド社）、『暮らしのなかのニセ科学』（平凡社新書）、『面白くて眠れなくなる物理』（PHP研究所）、『図解　身近にあふれる「科学」が3時間でわかる本』（明日香出版社）など多数。

図解　身近にあふれる「自然災害」が3時間でわかる本

2021年　9月　28日　初版発行

編 著 者	左巻健男
発 行 者	石野栄一
発 行 所	⧖明日香出版社
	〒112-0005　東京都文京区水道2-11-5
	電話　03-5395-7650（代表）
	https://www.asuka-g.co.jp
印　　刷	株式会社文昇堂
製　　本	株式会社メイリン